Peter Matthiessen Tiger im Schnee

Peter Matthiessen

Tiger im Schnee

Ein Plädoyer für den Sibirischen Tiger

Einführung und Fotos von Maurice Hornocker
Aus dem Amerikanischen von Hans Joachim Maass

FREDERKING & THALER

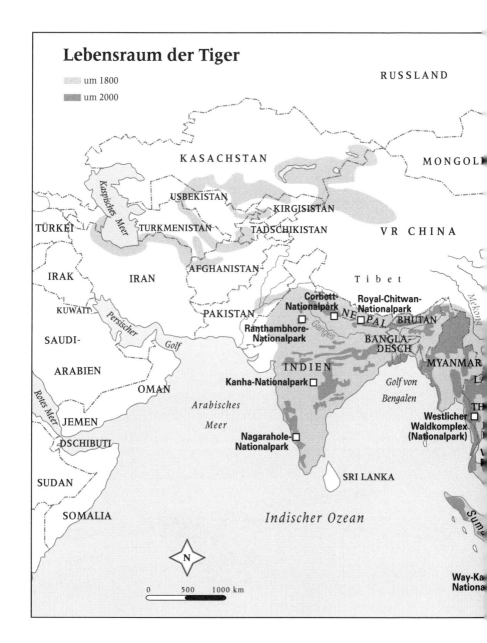

Danksagung

Dieses Buch ist mit respektvollem Dank den Tigerbiologen gewidmet, die in diesem Buch genannt werden. Sie haben erkannt, daß ihre Arbeit nur dann von dauerhaftem Erfolg gekrönt sein kann, wenn sie sich nicht länger auf Feldforschung beschränkt. Auch Biologen müssen sich öffentlich für diese bedrohten Tiere einsetzen, die Öffentlichkeit aufklären und andere Möglichkeiten der Erhaltung unterstützen, die nicht nur die zahlenmäßige Abnahme der Art *Panthera tigris* verlangsamen, sondern auch dazu beitragen, die biologische Vielfalt und alles Leben auf der Erde zu erhalten.

Vor allem bin ich denen sehr dankbar, deren Rat, Gastfreundschaft und Hilfe mir bei meiner Tigerforschung von unschätzbarem Wert gewesen sind, darunter Maurice Hornocker, Howard Quigley, Dale Miquelle, Jewgenij Smirnow, Anatolij Astafjew, Dimitri Pikunow (im Fernen Osten Rußlands); Kim Soo-il (Korea); Alexander Matthiessen (Indonesien), Belinda Wright, Fateh Singh Rahore, Valmik Thapar, George Schaller, Ullas Karanth, Bittu Sahgal, Ramachandra Gupta (Indien); Alan Rabinowitz (Südostasien); John Seidensticker (Indonesien, Nepal); Ginette Hemley vom World Wildlife Fund und Kristin Nowell, eine Beraterin von WWF und TRAFFIC (Handel mit Tigermedizin). Es waren Dr. Hornocker, der mich in das Sibirische Tigerprojekt im Fernen Osten Rußlands einführte, und Dres. Quigley und Miquelle, die bei einem zweiten Besuch meine liebenswürdigen Gastgeber und Mentoren waren. Dr. Seidensticker, Kurator für Säugetiere am Smithsonian National Zoological Park und Autorität, was die Tiger Indonesiens und des indischen Subkontinents betrifft, hat meine Forschungsarbeiten von Anfang bis Ende mit nie nachlassender Sorgfalt und Großzügigkeit gefördert und geleitet.

Peter Matthiessen

Um den Tiger zu jagen, muß man erst den Tiger in sich selbst jagen, und um das zu tun, muß man sich erst vergewissern, daß der Tiger nicht einen selbst jagt. Mochtar Lubis, Tiger! Tiger!

Alle echten Kenntnisse stammen aus der unmittelbaren Erfahrung.
Mao Tse-tung

Künftige Generationen wird es zutiefst betrüben, daß dieses Jahrhundert so wenig Voraussicht hatte, so wenig Mitgefühl, einen solchen Mangel an großzügigem Sinn für die Zukunft, daß es eins der aufregendsten und schönsten Tiere vernichtet hat, welche die Welt je gesehen hat.
George Schaller

Jeder hat Beziehungen. Nur der Tiger hat keine.
Wladimir Schetinin, ehemaliger Leiter der Operation Amba

Wenn man einen Tiger sieht, ist es immer wie ein Traum.
Ullas Karanth

Einführung

Unser Sibirisches Tigerprojekt begann 1989 auf der anderen Seite der Welt in der Frank Church River of No Return Wilderness im zentralen Idaho. Howard Quigley, mein Kollege am Hornocker Wildlife Research Institute, half mir dabei, eine Delegation der Sowjetischen Akademie der Wissenschaften zu bewirten, die gerade zu Besuch war. An einem Lagerfeuer einer entlegenen Feldstation, wo Howard und ich Feldforschungen über Berglöwen betrieben, kam das Thema der sibirischen Tiger zur Sprache. Der leitende Wissenschaftler der sowjetischen Gruppe, Dr. Juri Pusatschenko, stellvertretender Vorsitzender der mächtigen Akademie, lud uns ein, Moskau und den Fernen Osten zu besuchen, um die Möglichkeit einer intensiven Forschungsarbeit über den sibirischen Tiger zu erkunden. Dr. Pusatschenko, ein jovialer, kontaktfreudiger Mann und einer der geachtetsten Wissenschaftler Rußlands, versicherte uns, daß er uns in der damals noch kommunistischen Bürokratie «den Weg freimachen» würde.

So kam es, daß Howard und ich im Januar 1990 aus einer Aeroflot-Maschine in die eisige Luft von Wladiwostok hinaustraten. Zu unserer Begrüßung waren einige ernst dreinblickende russische Wissenschaftler angetreten. Man hatte uns vor wissenschaftlichem Revierdenken «im Osten» gewarnt, und da uns dieses Phänomen in akademischen Kreisen der USA nicht fremd war, fragten wir uns, was vor uns lag.

Dr. Dimitri Pikunow trat als erster vor. Der kräftig gebaute Mann mit den stahlblauen Augen in einem wettergegerbten Gesicht war der uns durch seine Arbeiten bekannteste russische Tigerspezialist. Er erwies sich auch als einer unserer stärksten Verbündeten und besten Freunde. Ferner waren anwesend die Tigerexperten Jewgenij Smirnow, Igor Nikolajew, Victor Judin, Victor Korschko und Anatolij Astafiew, Leiter des staatlichen Biosphärenreservats Sichota-Alin. Nach der ersten Begrüßung wurden wir zu einem nagelneuen Nissan geleitet und zu einem bezaubernden kleinen Hotel am Rande der Stadt gefahren, einer bevorzugten Bleibe ranghoher Kommunisten, die aus Moskau zu Besuch kamen.

In dieser stillen, ländlichen Atmosphäre sprachen wir mit unseren Gastgebern zwei Tage und Nächte über Tiger. Wir fanden die Kollegen trotz ihrer Isolation von dem größten Teil der übrigen wissenschaftlichen Welt erstaunlich bewandert, was unsere Arbeit betraf. Einige bekleideten jetzt Verwaltungsposten, aber alle waren überaus kundige Naturwissenschaftler und Feldforscher, die nach jahrelangen Erfahrungen in der Feldarbeit über ein breites Wissen verfügten, obwohl ihre Tigerforschung auf Beobachtungen und Spurensuche im Schnee beschränkt gewesen war. Sie freuten sich darauf, mit Howard und mir zusammenzuarbeiten und bei ihren Studien moderne Technik einzusetzen.

Im Anschluß an unsere Treffen in Wladiwostok wurden wir zu einer Rundfahrt zu bekannten Tigerrevieren im ganzen Fernen Osten Rußlands eingeladen. Besonders begierig waren wir darauf, das Reservat Sichota-Alin zu besuchen, ein Naturreservat von der Größe des Yosemite-Nationalparks rund 480 Kilometer nordöstlich von Wladiwostok an der Küste des Japanischen Meeres; man hatte uns gesagt, daß das Küstengebirge Sichota-Alin die beste Region sei, um Tiger zu studieren. Der Flug führte uns über Berge, die denen an der amerikanischen Pazifikküste nicht unähnlich sind, und dann an einer relativ unberührten Küste entlang nach Ternej, einem Fischerdorf und Hauptquartier des Reservats.

Während der nächsten Tage erkundeten wir Sichota-Alin. Jewgenij Smirnow, der führende Tigerbiologe des Reservats, brachte uns direkt in Regionen, in denen die Spuren umherstreifender Tiger zu sehen waren. Er zeigte uns Spuren – die erst in der vergangenen Nacht entstanden waren –, nicht mehr als vierhundert Meter von unserer Hütte entfernt. Er führte uns zu einem Wildwechsel auf einer Bergkuppe, wo ein riesiges Männchen im tiefen Schnee gelegen hatte, wahrscheinlich um nach Wildschweinen oder Rothirschen Ausschau zu halten, die in dieser Region zahlreich sind. Wir sahen in Sichtweite der ersten Häuser von Ternej Fährten von einer Tigermutter und zwei Jungen. Howard und ich waren uns darin einig, daß wir uns wahrlich in Tigerland befanden.

Und dennoch war die Zahl dieser Tiere extrem gering gewesen, als Sichota-Alin gegründet wurde – manche Schätzungen gehen von nur fünfzig Tieren aus. Der Sibirische Tiger (den man auch Amur-Tiger nennt), einst in ganz Sibirien verbreitet, vom Baikalsee nach Osten bis zur Küste und nach Süden bis nach Korea und China hinein, war wegen seines Fells und einzelner Körperteile unerbittlich gejagt worden. In der asiatischen Volksmedizin spielen Tigerprodukte traditionell eine große Rolle. Die Folge: Der Tiger war aus dem größten Teil seines früheren Verbreitungsgebiets verschwunden. Ironischerweise begannen die Bestände sich unter kommunistischer Herrschaft zu erholen, als die geschlossenen Grenzen erlaubte Wirtschaftzweige wie etwa die Holzwirtschaft und illegale Tätigkeiten wie die Wilderei einschränkten. 1985 gab es im Sichota-Alin-Reservat geschätzte 450 Tiger – eine bemerkenswerte Erholung, wie wir dachten, obwohl die russischen Wissenschaftler mahnend erklärten, 450 Tiere seien wirklich nicht sehr viele. (Wie hätten wir ahnen sollen, daß die Tiger kaum zwei Jahre später mit der Auflösung der Sowjetunion und der Öffnung der Grenzen wieder stark gefährdet sein würden!)

Wir verließen das Sichota-Alin-Reservat überaus ermutigt durch das, was wir gesehen und erlebt hatten. Die Tiger waren unbezweifelbar da, Beamte und Wissenschaftler hießen uns willkommen und trieben die Studie voran, die Menschen waren warmherzig und freundlich. Und die Landschaft, die uns im Westen kaum bekannt ist, ist von atemberaubender Schönheit. Als der große alte Aeroflot-Hubschrauber sich von dem verschneiten Flugfeld von Ternej in die Luft erhob, wußten Howard und ich, daß wir wiederkommen würden.

Die nächsten Tage verbrachten wir damit, zu Vorposten und Dörfern im Einzugsgebiet des Bikin-Flusses zu fliegen, der letzten Hochburg der Udege, des einheimischen Volkes, das noch immer den

Tiger verehrt. Als eine ältere Udege-Frau, eine langjährige Freundin von Dr. Pikunow, fragte, weshalb wir Amerikaner da seien, erwiderte er, wir wollten dabei helfen, den Tiger zu retten. Sie entgegnete, nur die Udege machten sich wirkliche Sorgen um das Wohlergehen des Tigers. Dann bemerkte sie gutmütig: «Die Amerikaner sind wie Fliegen – sie sind überall.»

Während des langen Rückflugs nach Moskau – bei dem wir sieben Zeitzonen überwanden – legten Howard und ich unsere Strategie fest. Wir wußten, was uns in Moskau erwartete – quälende Sitzungen mit einem sturen russischen Unterhändler, bei denen wir buchstäblich in einem Hotelzimmer eingeschlossen sein würden. Unsere Vorhersagen erwiesen sich als schmerzlich genau. Rund achtzehn Stunden später tauchten wir, vor Erschöpfung taumelnd, wieder auf. Wir hatten in praktisch jeder strittigen Frage nachgegeben und so ein russisch-amerikanisches Übereinkommen zum Studium des Sibirischen Tigers zustande gebracht. Immerhin konnten wir uns damit trösten, daß eine solche Übereinkunft für unsere Bemühung, die notwendigen Gelder aufzubringen, unerläßlich war.

Dennoch wollte zunächst niemand auch nur in Erwägung ziehen, für eine Arbeit im kommunistischen Rußland langfristig bedeutende Geldmittel zur Verfügung zu stellen. Schließlich gewährte uns die National Geographic Society eine großzügige Unterstützung. Diese brachte auch andere dazu, uns zu helfen, vor allem die National Fish and Wildlife Foundation und die National Wildlife Federation. Am 1. Januar 1992, fast zwei Jahre nach unserem ersten Besuch (und einer weiteren Informationsreise), kamen Howard und Kathy Quigley, Dale Miquelle und ich schließlich im Fernen Osten Rußlands an, um mit der eigentlichen Feldforschung zu beginnen. Howards Frau Kathy ist die Veterinärin des Projekts und eine Spezialistin für die Betäubung großer Raubtiere. Dale hatte ein Jahr mit dem Studium von Tigern in Nepal zugebracht und vor kurzem seine Doktorarbeit mit dem Studium von Elchen im Denali-Park in Alaska abgeschlossen.

Unser Forschungsansatz war offen und einfach – wir wollten den Tiger und seinen Lebensraum erforschen und uns eine solide Wissensgrundlage schaffen. Dazu gehörten sämtliche Informationen über

Biologie und Ökologie des Tigers, seine Lebensbedürfnisse und sein Verhalten. Wir wollten auch die Beutetiere von Tigern studieren und uns ein Gesamtbild von der Umwelt machen, in der diese Tiere lebten. Mit diesem Wissen wären wir in einer guten Position, um Regierungsbehörden – und den Bewohnern der Tiger-Reservate – geeignete Maßnahmen zur Rettung des Tigers zu empfehlen.

Beim Studium einer so zurückgezogen lebenden Tierart wie des Tigers ist eine direkte Beobachtung unmöglich. Statt dessen beobachten wir sie indirekt, indem wir die Telemetrie per Funk nutzen. Jeder Tiger wird mit einer Kabelschlinge gefangen, worauf ein Halsband mit einem kleinen Sender an seinem Hals befestigt wird. Dieser Sender funkt ein Erkennungssignal, das es uns ermöglicht, die Tiger Jahreszeit für Jahreszeit zu überwachen und von Jahr zu Jahr. So gewinnen wir Informationen über einzelne Tiere und die Population insgesamt.

Im Februar 1992 gelang es Howard, Kathy und Dale zusammen mit Igor Nikolajew und Jewgenij Smirnow, einen Sibirischen Tiger zu fangen und ihm ein Halsband umzulegen. Im Juni 1992 machten wir unseren zweiten Fang – eine kräftige, ausgewachsene Tigerin, die wir Lena nannten. Seitdem haben wir an zwanzig weiteren Tigern Funkhalsbänder befestigt. Durch die Überwachung dieser Tiger, die seit jetzt sieben Jahren erfolgt, wissen wir, wieviel Lebensraum sie brauchen, was sie fressen, wie oft sie Nachwuchs bekommen, was aus den Jungen wird, wie sie auf die Tätigkeit von Menschen in ihrer Umgebung reagieren und was ein gutes Tiger-Habitat ausmacht. Wir verfügen jetzt über die Informationen, die den Sibirischen Tiger vor dem Aussterben retten können.

In Zusammenarbeit mit unseren russischen Kollegen legten wir dem Umweltministerium in Moskau einen Plan zum Schutz der Tiger-Lebensräume vor. Im Ministerium hat man diesen Plan als Bestandteil des offiziellen Regierungsplans zur Erhaltung der Tigerbestände angenommen. Wir haben mit Dr. Astafiew in Sichota-Alin zusammengearbeitet, um seinen Plan durchzusetzen, der eine Erweiterung des gesamten Naturreservats vorsieht, damit auch der Lebensraum des Tigers geschützt wird – eine Erweiterung, die sich etwa mit der Vergrößerung des Yellowstone-Nationalparks um 20 Prozent vergleichen ließe, um Grizzlybären oder Bisons mehr Lebensraum zu gewähren. Die Finanzierung dieses Plans haben wir mit Spenden der Exxon Corporation durch den Fonds «Save the Tiger» gesichert.

Es ist jedoch eine Tatsache, daß jedes Programm zur Erhaltung natürlicher Lebensräume, wo in der Welt auch immer, mehr erfordert als nur die Berücksichtigung biologischer Gegebenheiten. Ein erfolgreiches Naturschutzprogramm muß auch wirtschaftliche und politische Belange und die menschliche Kultur in Betracht ziehen. Wir haben von Anfang an versucht, alle diese Faktoren zu berücksichtigen. Doch bevor wir wirksam tätig werden konnten, mußten wir Glaubwürdigkeit gewinnen. Wir erreichten dies durch harte Arbeit und im Geist der Zusammenarbeit. Wir engagierten die drei besten russischen Tigerspezialisten; wir versicherten uns der Mitarbeit junger russischer Techniker und Assistenten, die wir selbst ausbildeten; wir sorgten dafür, daß auch russische Studenten an dem Projekt teilnehmen konnten, indem wir mit ihren Beratern an der Universität Moskau zusammenarbeiteten. Wir haben auf lokaler wie regionaler Ebene eine wahrhaft kooperative Atmosphäre geschaffen. Wir arbeiteten nicht nur täglich mit unseren russischen Kollegen zusammen, sondern wir kauften auch Grund und Boden, als dies möglich wurde, und zogen in die Nähe des Dorfs Ternej. Mit anderen Worten: Wir wurden zu einem Teil der Gemeinschaft.

Wenn wir jetzt beispielsweise auf eine nachhaltige Forstwirtschaft drängen, tun wir dies mit einer vereinten russisch-amerikanischen Stimme. Und wenn wir über Alternativen zu traditionellen Abbauverfahren wie den Bergbau und den Holzeinschlag diskutieren, sprechen wir mit Unterstützung unserer russischen Kollegen. In der Vergangenheit herrschte in vielen Gemeinden ein florierender Handel mit nachwachsenden Waldprodukten wie Beeren, Nüssen, Pilzen, Ginseng-Wurzeln und wildem Honig. Wir arbeiten mit den führenden Vertretern der Gemeinden zusammen, um viele dieser ökonomisch lebensfähigen Erwerbszweige wiederzubeleben. Solche Praktiken können dazu beitragen, ein Ökosystem in den Wäldern zu verbessern, in dem nicht nur Tiger und ihre Beutetiere überleben, sondern auch die Menschen eine Existenzgrundlage finden.

Es kommt nämlich wesentlich darauf an, die Menschen auf lokaler wie regionaler Ebene davon zu überzeugen, daß es in ihrem ureigenen Interesse liegt, Tiger eher zu bewahren, als sie zu töten. Und damit das geschehen kann, muß in einer solchen Region eine lebensfähige Wirtschaft entstehen, die den Wald erhält, statt ihn zu vernichten. Wenn es uns gelingt, eine günstige Wirtschaftsentwicklung zu erreichen – günstig für den Wald, aber auch für Tiger –, werden Politik und Politiker auf unserer Seite sein.

Kulturelle Faktoren können im Naturschutz mächtige Kräfte sein, manchmal mächtiger als wirtschaftliche oder politische Erwägungen. Es gibt zahlreiche Beispiele aus alten Kulturen – heilige Kühe in Indien, Kraniche in Japan, Tiger bei den Udege. Und in jüngerer Zeit sind beispielsweise in Nordamerika Raubvögel, die seit der europäischen Besiedlung auf dem Land als Schädlinge galten, jetzt streng geschützt und zu Symbolen erfolgreichen Naturschutzes geworden. Selbst Haie sind jetzt dabei, ihr bedrohliches Image loszuwerden. Große Raubtiere wie Wölfe und Berglöwen stehen unter Naturschutz und werden von Millionen bewundert. Grizzlybären, die einst auf bestimmte Gebiete in Nationalparks beschränkt waren, sollen jetzt nach und nach wieder in ihrem traditionellen Verbreitungsgebiet ausgewildert werden.

Im Fernen Osten Rußlands bemühen wir uns jetzt, Tiger in den Augen der Öffentlichkeit zu solchen Symbolen zu machen, damit es eines Tages kulturell unannehmbar sein wird, sie zu töten, wo und aus welchem Grund auch immer. Das erfordert Aufklärung auf allen Ebenen, und zwar nicht nur dort, wo Tiger leben, sondern weltweit.

※

Peter Matthiessen lernte ich im Juni 1992 in Ternej kennen. Ich war schon seit langem ein Bewunderer seiner Bücher und seines Ethos als Naturschützer und hatte ihn schon früh eingeladen, sich das Sibirische Tigerprojekt anzusehen. Howard und ich hatten das Gefühl, daß er mit seinem unglaublichen Wissen und seinem Verständnis für Umwelt- und Kulturfragen es vielleicht besser als jeder andere schaffen könnte, die Aufmerksamkeit der internationalen Öffentlichkeit auf die Notlage des Sibirischen Tigers zu lenken.

Er erklärte sich sofort bereit zu kommen, und wie es der Zufall wollte, kam er gerade rechtzeitig an, um einen Tiger zu sehen – wir hatten Lena erst vor zwei Tagen eingefangen. In der gemeinsamen Zeit danach entdeckten wir in vielen Dingen Gemeinsamkeiten und wurden schnell Freunde.

Drei Jahre später besuchte Peter Sichota-Alin erneut. Er erforschte die Region zusammen mit Howard Quigley, Dale Miquelle und unseren russischen Kollegen. Dabei gewann er weitere Einsichten in die Probleme, vor die sich der Tigerschutz gestellt sieht, sowie in die Rolle, die regionale Kulturen dabei spielen müssen. Bei dieser Gelegenheit beobachtete er auch seinen ersten «Tiger im Schnee».

Niemand kann diese Dinge so gut formulieren wie Peter. Niemand kann menschliche Kulturen in ihrer Umgebung – als integrierende Bestandteile ihrer natürlichen Umgebung – so gut darstellen wie Peter. Meine Kollegen und ich, sowohl Amerikaner als auch Russen, fühlen uns privilegiert, daß er soviel zu unseren Bemühungen beiträgt, den großen «Amba» zu retten, den «Beschützer des Waldes», die prachtvollste aller Großkatzen. Dieses Buch legt von seinem Engagement Zeugnis ab.

Maurice Hornocker

Über die Fotos

Bei unserem ersten Besuch im Fernen Osten Rußlands im Januar 1990 lernten Howard Quigley und ich in Wladiwostok Professor Viktor Judin von der Sowjetischen Akademie der Wissenschaften kennen. Judin erforscht seit seiner Studienzeit das Verhalten von Tieren. Er sprach von den verwaisten Tigerjungen, die er früher in jenem Winter gerettet hatte. Zwei Tigerinnen waren in einer entlegenen Region erschossen worden, nachdem sie bei verschiedenen Gelegenheiten Dorfbewohner bedroht hatten. Sie hinterließen vier verwaiste Tigerjunge. Zwei der unterernährten Jungen waren gestorben, doch Judin hatte ein männliches und ein weibliches Jungtier gesundgepflegt. Er erzählte uns von seinen Plänen für eine Anlage, in der er das Verhalten der beiden Tiere studieren und mit ihnen vielleicht Nachwuchs züchten könne, wenn sie geschlechtsreif seien.

Professor Judin errichtete seine Anlage 186 Kilometer nördlich von Wladiwostok in der Nähe des entlegenen Dorfs Gajworon. Die dazugehörigen fünf Morgen Land schlossen den Eichenwald und die Küstenvegetation ein, die im Verbreitungsgebiet des Tigers heimisch ist; die Tiger wurden in einen Waldtypus entlassen, der nicht anders aussah als der, den ihre wilden Vettern bewohnten. Im Lauf der Jahre arbeiteten wir bei einer Reihe von Experimenten mit Judin zusammen, die uns Einblicke in das angeborene und erworbene Verhalten von Tigern verschaffen sollten. Manche der Ergebnisse halfen uns dabei, das Verhalten wildlebender Tiger zu bewerten und zu verstehen.

Die meisten der Fotos in diesem Buch wurden im Verlauf mehrerer Jahre zu verschiedenen Jahreszeiten in Judins Anlage aufgenommen. Trotz großer Bemühungen haben wir nur wenige Fotos wildlebender Sibirischer Tiger machen können (siehe zum Beispiel S. 122), die, anders als die Tiger Indiens und Nepals, sich nie an Menschen gewöhnt haben, sondern selbst in ihren Reservaten wahrhaft wild geblieben sind. Von wildlebenden Sibirischen Tigern sind nur wenige Fotos bekannt, und die meisten davon zeigen tote Tiere.

Die hier gezeigten Fotos sind zwar in Professor Judins Anlage aufgenommen, geben aber ein genaues Bild davon, wie dieses großartige Tier in seinem heimischen sibirischen Habitat lebt und das tut, was wildlebende Tiger jeden Tag tun. Wenn es mit diesen Fotos gelingt, in den Herzen der Leser die Begeisterung für den Naturschutz zu wecken, und mitzuhelfen, den großen Sibirischen Tiger zu retten, wird das ein reicher Lohn für unsere Mühen sein.

Maurice Hornocker

Der Ferne Osten Rußlands ist eine Landschaft von wilder Schönheit und erstreckt sich wie eine große Kralle von Sibirien am Japanischen Meer nach Süden, vom riesigen Delta des Amur-Flusses bis zur Grenze Nordkoreas. Sein Küstengebirge – Sichota-Alin –, das über rund 950 Kilometer zwischen dem Ussuri-Fluß und dem Meer nach Süden verläuft, ist Zuflucht von *Panthera tigris altaica*, dem Sibirischen oder Mandschurischen Tiger, der früher in ganz Nordostchina (der Mandschurei) und auf der koreanischen Halbinsel verbreitet war, im Westen bis zur Mongolei und dem Baikalsee. Im vergangenen Jahrhundert ist sein Lebensraum fast vollständig auf das Einzugsgebiet von Amur und Ussuri geschrumpft, und heute lautet der passendste Name für die größte Großkatze der Welt Amur-Tiger.

Das Küstengebirge Sichota-Alin, auf einer Breite von 40 bis 50,5 Grad gelegen, erhebt sich nur selten über 1800 Meter. Sein Wald ist gemäßigte Taiga mit Kiefern und Harthölzern sowie mit Tannen und Fichten in größeren Höhenlagen. Im tiefergelegenen Norden gehen diese Wälder in Tundra mit Krüppelkiefern über. (Das Wort *Taiga*, «Land kleiner Stäbchen», bezieht sich auf diese Krüppelkiefern; heute wird der Begriff eher ungefähr mit «Wildnis» gleichgesetzt.) Hier kreuzen sich die Spuren von Braunbär, Luchs, Wolf und Zobel des Nordens mit denen von Schwarzbär, Tiger und Leopard der Laubwälder weiter südlich. Man findet hier eine erstaunliche Säugetierfauna vor – von einer Vielfalt, wie sie sich an kaum einer anderen Stelle der Erde so erhalten hat.

Das Ussuri-Gebiet oder Ussuri-Land war im Westen bis Anfang des zwanzigsten Jahrhunderts wenig bekannt. Wladimir K. Arseniew, ein junger Armeeleutnant, Geograph und Naturforscher, unternahm zwischen 1902 und 1908 drei Expeditionen in den Fernen Osten, um das

Gebiet zu erforschen und die wilde Primorski Krai, die Küstenprovinz, zu kartographieren. Arseniew wurde später von dem Arktisforscher Fridtjof Nansen als «der große Erforscher Ostsibiriens» bezeichnet. Nansen gab seinem Erstaunen darüber Ausdruck, daß diese Region der asiatischen Landmasse weniger bekannt geblieben war als die wildesten Indianergebiete Nordamerikas.

Arseniew, der zu Fuß oder zu Pferde reiste, wurde von einem Mann namens Dersu geführt, einem einheimischen Jäger und Fallensteller aus der mongolischen Völkerfamilie der Tungusen und Mandschu (altaische Tatarenvölker, die mit den Tibetern und Mongolen sowie den antiken Jägern verwandt sind, die über die Halbinsel Tschuktsch und die Landbrücke der heutigen Beringstraße nach Nordamerika wanderten). Als junger Mann war Dersu von einem Tiger schrecklich zugerichtet worden, hatte den Angriff aber überlebt; als seine Frau ihn nach tagelanger Suche in der Taiga fand, war er völlig erschöpft und wegen des Blutverlusts dem Tod nahe.

Wie alle Jäger der Ureinwohner fürchtete Dersu die ungeheure Kraft und Wildheit des Tigers, verehrte ihn aber auch als Atem und Geist der Taiga. Diese Tungusen hielten den Tiger fast für eine Gottheit und nannten ihn manchmal «Großvater» oder «Alter Mann». Die einheimischen Stämme der Udege und Nanai nannten ihn «Amba» oder «Tiger» (nur die weißen Fremden – Russen – übersetzten dieses Wort mit «Teufel»). Für die Mandschu war der Tiger Hu Lin, der König, da Kopf- und Nackenstreifen bestimmter mythischer Exemplare dem Schriftzeichen Wan-da ähnelten – dem großen Herrscher oder Fürsten. «An einem Baum in der Nähe flatterte eine rote Flagge», schrieb Arseniew, «mit der Inschrift: ‹*San men dshen vei Si-zhi-tsi-go vei da suay Tsin tsan da tsin chezhen shan-lin*›, und das bedeutet: ‹Dem wahren Geist der Berge: In der Antike, in der Zeit der Tsi-Dynastie, war er Oberbefehlshaber der Dynastie Da Tsin, aber jetzt bewacht er die Wälder und Berge.›»

Da der Tiger die kostbare Ginsengwurzel gegen die Mandschu bewachte, würde Dersu nie auf Amba schießen und flehte Arseniew an, ebenfalls nicht auf ihn zu schießen. (Einheimische Völker ganz Südostasiens haben es stets vermieden, Tiger zu töten. Nur menschenfressende Exemplare wurden bejagt, und selbst dann wurde eine Zeremonie des Bedauerns abgehalten, bei der anderen Tigern erklärt wurde, wie sehr ihr Verwandter gefehlt und damit sein Leben verwirkt habe.) Arseniew und Dersu, die das Ussuri-Land zu jeder Jahreszeit erforschten, hatten viele Begegnungen mit Amba, an den sie ihren Hund verloren, und eines Tages erklärte der Leutnant sein Bedauern darüber, daß ihm dieses geheimnisvolle Wesen noch nie unter die Augen gekommen sei. Dersu schrie auf: «O nein! Schlecht ihn sehen! Männer (die) Amba nie sehen ... glückliche Männer, haben Glück ... Ich sehen Amba viel. Einmal geschossen, daneben. Jetzt ich sehr viel Angst. Für mich jetzt eines Tages werden sein viel, viel Pech.» Den Konventionen der Zeit entsprechend wurden Dersus Worte in dem gleichen Pidgin-Englisch wiedergegeben, mit dem indische Kundschafter mit weißen Sahibs sprachen, ebenso wie afrikanische Träger und andere vertrauenswürdige eingeborene Führer, wie man es in allen Memoiren aus der damaligen kolonialen Welt nachlesen kann.) Amba wird in Arseniews Tagebüchern zum beherrschenden Thema, einer unmittelbar bevorstehenden Bedrohung, vor der sich der beherzte Russe zu fürchten beginnt. «Wir standen einige Minuten schweigend da, in der Hoffnung, daß irgendein Laut die Gegenwart des Tigers verraten würden, doch es herrschte Grabesstille. Diese Stille war geheimnisumwittert, und ich empfand Furcht.»

Schon zu Arseniews Zeit wurde der Tiger durch ausländische Jäger hart bedrängt. Sowohl Russen als auch Mandschu-Chinesen beanspruchten diese entlegenen Jagdgebiete für sich, da es hier reiche Vorkommen der kostbaren Ginseng-Wurzel und des wegen seines glänzenden Fells hochgeschätzten Zobels gab, einer Marderart; diese Eindringlinge und auch die Koreaner ignorierten die Rechte der einheimischen Völker, die von den Russen verächtlich *tazi* genannt wurden (nach dem chinesischen *da-tsi* oder «Fremde» – das heißt «Andere»). Dabei wohnten die Ureinwohner schon mindestens 6 000 Jahre hier, wie man von Felszeichnungen am oberen Amur weiß, die mit der Radiokarbonmethode datiert worden sind. Dazu gehören Darstellungen des großen nördlichen Tigers, der in früherer Zeit ebenfalls dort lebte.

Der hauptsächliche Lebensraum des Amur-Tigers ist die Taiga, das gemäßigte Waldgebiet, das sich von Meereshöhe bis auf 900 Meter Höhe in einem Klima erstreckt, in dem die Temperaturen im Winter bis minus 40° Grad Celsius sinken können. Vier Monate im Jahr liegt in der Taiga Schnee in einer Höhe von 30 bis 50 Zentimetern. Zu den Beutetieren in diesen Hartholzmischwäldern gehörten der Elch, der Axishirsch, das Reh, der asiatische Goral (ein braunes, ziegenähnliches Geschöpf aus der eurasischen Familie der Ziegenantilopen) sowie Wildschweine, die zu Arseniews Zeit anscheinend ein Gewicht von mehr als 550 Pfund erreichen konnten. Eine Konkurrenz um alle diese Beutetiere war für den Tiger der im Süden lebende Leopard und der Wolf im Norden, daneben aber auch Braun- und Schwarzbären, die hauptsächlich Pflanzennahrung zu sich nehmen, aber auch «Abstauber» sind; vor allem der Braunbär wird dem Tiger eine erlegte Beute oft streitig machen. (In den vielen Berichten über Konfrontationen von Bär und Tiger gab es anscheinend wechselnde Sieger; jedoch herrscht allgemeine Übereinstimmung darüber, daß es der Bär vorzieht, die viel kleinere Tigerin anzugreifen, damit er nicht selbst zu einem Bestandteil der Tigernahrung wird.) Andere Bewohner des Sichota-Alin-Gebirges und des Ussuri-Tals, über die Arseniew in seinen Tagebüchern spricht, waren Elch und Moschustier, Luchs, Zobel, Dachs, Fuchs, Hase, Iltis, Otter sowie ein gedrungenes, hundeartiges Tier mit einer dunklen «Maske», der Marderhund, daneben verschiedene Eichhörnchen- und Streifenhörnchenarten, Taschen- und Bisamratten, Maulwürfe, Wühl- und Spitzmäuse. (Das einzige große Tier, das er nicht erwähnt, obwohl dieses im südlichen Einzugsgebiet des Ussuri weit verbreitet gewesen sein muß, ist der Leopard.)

Schon bei ihrer zweiten Expedition von 1906 sagte Dersu: «Überall schon bald alles Wild enden. Ich glauben zehn Jahre, keine Elche mehr, keine Zobel mehr, kein Kaninchen mehr, alle verschwunden.» Und Arseniew bemerkt: «Es war unmöglich, ihm zu widersprechen. In ihrem Land hatten die Chinesen das Wild schon längst ausgerottet, fast alle Lebewesen. Alles, was ihnen geblieben ist, sind Krähen, Hunde und Ratten ... Dem Primorski-Amur-Gebiet mit seinen großen

Wäldern und vielen wilden Tieren droht das gleiche Schicksal.» Selbst jetzt, berichtet er, «plünderten» die Chinesen das Land, jagten Zobel, Elch und Moschustier (wegen der kostbaren Moschusdrüse); sie sammelten Ginseng, Wurzeln und Öle; bauten Schlafmohn an, um Opium zu gewinnen; an der Küste betrieben sie Perlenfischerei, sammelten Seegras, fingen Krabben und Hummer sowie *trepang* (Seegurken); sie kratzten sogar die nach nichts schmeckenden *Parmelia*-Flechten («Steinhaut») von den Felsen. «Wohin man auch blickt, sieht man nichts als Raub und Ausbeutung. In einer nicht fernen Zukunft wird dieses Land am Ussuri ... zu einer Wüste geworden sein.»

൭൭

In dem Jahrzehnt nach Dersus düsterer Vorhersage betrieben die Marine- und Armeeoffiziere der großen östlichen Militärbasis von Wladiwostok die Tigerjagd als Sport, und in der chaotischen Frühzeit der Russischen Revolution schafften es Soldaten sowohl der Weißen als auch der Roten, die sich vom Wald ernährten und auf alles schossen, was ihnen unter die Augen kam, den Tiger fast auszurotten. In den 1920er Jahren, als die Union der Sozialistischen Sowjetrepubliken gegründet wurde, wurde den überlebenden Tigern von Möchtegern-Nimroden der Kommunistischen Partei schwer zugesetzt. Diese «Jäger» brachten bei einem einzigen Jagdausflug manchmal acht oder zehn Exemplare zur Strecke. Von den 1930er bis zu den 1950er Jahren, als erkannt wurde, daß die Tiere dem Aussterben entgegengingen, wurden in aller Eile Jungtiere für die Zoos der Welt gesammelt, eine Praxis, bei der oft die Mutter erschossen werden mußte.

Als die Mandschu-Chinesen 1935 über den Amur und den Ussuri zurückgetrieben wurden, hatte sich der Tiger schon aus seinem nördlichen und westlichen Verbreitungsgebiet zurückgezogen. Die wenigen Exemplare, die in den ostmandschurischen Bergen in der Nähe der Grenzen des Ussuri-Gebiets zu China und Korea geblieben waren, wurden durch neue Straßen und Bahnlinien, die der landwirtschaftlichen Besiedlung des Ussuri-Tals dienten, von der Hauptpopulation im Ussuri-Gebiet abgeschnitten. Unterdessen wurden die früheren Lebensräume des Tigers in der Mandschurei von Han-Chinesen rücksichtslos abgeholzt und besiedelt. Man hatte die Han ins Land gebracht, um die Mandschu zu vertreiben, etwa so, wie die Han-Chinesen heute die Tibeter vertreiben. (In China heißt der Amur Heilongjiang, was «Schwarzer Drachenfluß» bedeutet, und aus der Mandschurei sind heute «die nordöstlichen Provinzen» von Jilin und Heilongjiang geworden.) Innerhalb weniger Jahre wurde die letzte lebensfähige Population von *Panthera tigris altaica* auf das Ussuri-Gebiet in Dersus großartiger Landschaft aus Mischwald-Taiga, Bergen und blauem Meer zurückgedrängt.

Als 1936 an der nördlichen Primorski-Küste das Naturreservat Sichota-Alin gegründet wurde, waren vielleicht noch fünfzig verstreut lebende Tiger am Leben; vier Jahre später schätzte der Tiger-Experte K. G. Kaplanow, daß in der gesamten Küstenprovinz nur noch zwanzig Exemplare übrig waren. Während des Zweiten Weltkrieges jedoch, als die russischen Jäger sich in Europa aufhielten, um auf andere Angehörige ihrer eigenen Spezies zu schießen, konnten sich die Bestände an *Panthera tigris altaica* leicht erholen. 1947 wurde es in der Sowjetunion offiziell verboten, Tiger zu schießen, und 1962 wurden die letzten Angehörigen der Art *altaica* in Heilongjiang auf der anderen Seite des Ussuri-Flusses unter Schutz gestellt. In den sechziger Jahren waren Sondergenehmigungen erforderlich, wenn man Tigerjunge fangen wollte, und Mitte der achtziger Jahre, als der staatliche Tigerschutz noch griff (die Wildreservate oder *Sapowedniki* waren der Öffentlichkeit auch weiterhin nicht zugänglich), schätzte der Forscher Dimitrij Pikunow von der fernöstlichen Abteilung der Sowjetischen Akademie der Wissenschaften die Population der Amur-Tiger auf 250 Exemplare – eine beachtliche Erholung, welche die Hoffnung auf die Wiederherstellung einer lebensfähigen wildlebenden Population rechtfertigte.

1989 jedoch, in dem Chaos, das den raschen Kollaps der Sowjetunion begleitete, brachen Recht und Ordnung fast vollständig zusammen. Die natürlichen Ressourcen Sibiriens, von Holz bis zu wildlebenden Tieren, wurden verkauft und gehandelt wie heiße Eßkastanien auf der Straße, ob der Verkäufer nun der rechtmäßige Eigentümer war oder nicht. *Sapowedniki*-Beamte und Waldhüter in den jetzt mittellosen Naturschutzbehörden, die nun keine Gehälter mehr erhielten, zeigten sich zunehmend für Bestechungsgelder empfänglich. Die meisten Tiger lebten außerhalb der *Sapowedniki* und wurden dort auch getötet, aber auch in den Schutzgebieten zerstörten unkontrollierte Holzeinschläge und Erzabbau, die Teilung der Wälder durch Schotterstraßen gute Lebensräume für den Tiger und seine Beutetiere und verschafften den Jägern überdies leichten Zugang. Moderne Feuerwaffen, die früher verboten und selten gewesen waren, waren jetzt erhältlich, ebenso neue Fahrzeuge mit Allradantrieb. Die großen Wälder des Sichota-Alin-Gebirges wurden jetzt von koreanischen, japanischen und amerikanischen Unternehmen heimgesucht, die in dieser Region Fuß zu fassen suchten. Eine aufblühende Wirtschaft der Anrainerstaaten des Pazifiks, die durch die Globalisierung noch weiter angeheizt wurde, erzeugte in ganz Ostasien eine stetig steigende Nachfrage nach traditioneller Tiger-«Medizin», als die einst gutbewachten Grenzen Sibiriens sich diesem hochprofitablen Markt und dem dazugehörigen Schmuggel öffneten. Als im Januar 1992 ein russisch-amerikanisches Projekt zur Erforschung der Tigerbestände im Sichota-Alin-Reservat offiziell begründet wurde, war schon mehr als ein Drittel der verbliebenen Amur-Tiger vernichtet worden. *Panthera tigris altaica* sah sich erneut ernsthaft von Ausrottung bedroht.

※

Wie die meisten Kinder im Westen hatte auch ich voller Ehrfurcht und mit weit aufgerissenen Augen die brüllenden Großkatzen in Zoo und Zirkus beäugt. So wußte ich fast alles, was man über die unheimlichen schwarzen Streifen des Tigers, seine furchterregenden Reißzähne und die blitzenden Krallen wissen mußte. Ich kannte mich auch bestens in einem aufregenden Kinderbuch mit dem Titel *The Story of Little Black Sambo* (Die Geschichte des Kleinen Schwarzen Sambo) aus, von einer englischen Dame etwas absonderlich zu Papier gebracht und farbig illustriert. Die Autorin, Helen Bannerman, hatte dreißig Jahre in Indien gelebt. Als Bewohnerin einer Kronkolonie unter britischer Herrschaft hatte sie sich nie die Mühe gemacht, nutzlose Unterscheidungen zwischen einer Gruppe dunkelhäutiger «Eingeborener» und einer anderen zu treffen. Es trifft zwar zu, daß bestimmte einheimische Stämme auf dem indischen Subkontinent eine sehr dunkle Hautfarbe haben und sogar «schwarz» zu nennen sind, aber ihnen fehlen die betont afrikanischen Gesichtszüge, mit denen die Autorin ihren jungen Helden und dessen Familie ausgestattet hatte – eine Unklarheit, mit der die im Westen weitverbreitete Vorstellung noch gefördert wurde, Tiger lebten in Afrika mit Löwen zusammen. (Während der Löwe früher im südlichen Eurasien ebenso verbreitet war wie in Afrika und sich heute noch im Gir-Wald im westlichen Indien hält, hat man außerhalb Asiens nie eine Spur von Tigern gefunden.) In unseren aufgeklärteren Zeiten erregte Bannermans kleines Buch unter den politisch korrekt empfindenden Lesern aller Hautfarben verständlicherweise Mißfallen. Diese haben dafür gesorgt, daß Titel, Text und Illustrationen des Buches verändert worden sind.

In der ursprünglichen Geschichte verwandeln sich die gefräßigen Tiger, die einander um einen Baum herum jagen, um an den kleinen Jungen mit seinen leuchtenden Kleidern heranzukommen, in goldgelbe Lachen aus Büffelmilchbutter – was durchaus passend ist, da in allen traditionellen Kulturen Asiens ein Tiger als ein furchterregendes, vielgestaltiges, sich immer wieder veränderndes Tier wahrgenommen wird, das gelegentlich aber auch als gütig dargestellt und oft mit dem Heiligen assoziiert wird. («Der Tiger ist Gott», hieß es auf dem Banner von Tipu Sultan, einem indischen Mogul des achtzehnten Jahrhunderts.) In vielen Kulturen gilt der Tiger ebenso wie der Kranich als Mittler zwischen Himmel und Erde, der bei seiner wohltätigen Mission große Entfernungen zurücklegt; er ist auch fähig, Regen zu machen und verlorengegangene Kinder zu behüten. In den Mythologien der Hindus wird der Tiger jedoch, anders als bei den meisten anderen, eher als Quelle des Bösen wahrgenommen; manchmal wird die Zerstörerin Shiva mit einem grimmigen Tigergesicht dargestellt oder mit einem Tigerfell, und sowohl Shiva als auch ihr Gemahl Parvati werden gelegentlich auf einem Tiger reitend abgebildet. In der buddhistischen Mythologie ist der Tiger eins der «drei gefühllosen Geschöpfe», in dem sich Zorn manifestiert (so wie der Affe Habgier und das Reh Torheit symbolisiert). Der Tiger dürfte in mehr Mythen vorkommen und mit mehr phantasievollen Eigenschaften ausgestattet sein als jedes andere dem Menschen bekannte Geschöpf.

Diese negative Sicht des großen Tigers ist auch in Rudyard Kiplings *Dschungelbuch* mit seinen wundervollen Beschreibungen des Menschenfressers Shere Khan allgegenwärtig («Da verdunkelte sich das Mondlicht am Höhleneingang, denn Shere Khan zwängte seinen großen, dicken Kopf und seine Schultern in die Öffnung ... Muß ich hier mit der Nase in eurer Hundehütte stehen, um das zu kriegen, was mir rechtmäßig zusteht? Ich bin es, Shere Khan, der zu euch spricht!»). Der Jäger Jim Corbett aber bezeichnet den Tiger in seinen lakonischen Berichten über die Jagd auf gefährliche Tiger und Leoparden in seinem Buch *The Man-eaters of Kumaon* als «einen großherzigen Gentleman von unendlichem Mut».

Arseniews längst vergriffenes, wenig bekanntes Meisterwerk *Dersu the Trapper* kam mir erst in den sechziger Jahren in die Hände – es war der erste Bericht, über den sogenannten Sibirischen Tiger, den ich je gelesen hatte. Da ging mir zum ersten Mal auf, daß der Indische oder königliche Bengaltiger Kiplings und Corbetts nur eine geographische Population einer Art war, die früher eine erstaunliche Vielfalt asiatischer Habitate besiedelt hatte, von den subarktischen Regionen bis zu den Tropen Äquatorialasiens. Bei der Lektüre von Arseniews Berichten stellte ich mir einen riesigen urzeitlichen Tiger vor, ein Tier mit einem struppigen und vereisten Fell, das im Schnee an der Küste dahintrottet; ich war von Sehnsucht erfüllt, in das Ussuri-Gebiet zu reisen. Einige Jahre später schrieb ich ein Filmtreatment, in dem es um den Sibirischen Tiger ging – in der überhitzten Sprache des Produzenten war er «der seltenste, größte und geheimnisvollste Fleischfresser, der heute unsere Erde durchstreift». Damals war der größte Teil der Sowjetunion jahrzehntelang für Ausländer gesperrt gewesen, doch nach achtjährigen Verhandlungen mit den Moskauer Behörden hatte die Filmgesellschaft schließlich die Genehmigung erhalten, ins Ussuri-Gebiet zu reisen, um dort Außenaufnahmen zu machen. Das vorläufige Drehbuch war schon genehmigt worden, als die Genehmigung abrupt und endgültig zurückgezogen wurde, wahrscheinlich weil das Ussuri-Gebiet zu nah bei Wladiwostok lag, dem für alle Ausländer gesperrten sowjetischen Kriegshafen mit seinen Militäreinrichtungen. Als ich 1990 bei einer Expedition zum Baikalsee zum ersten

Mal Sibirien besuchte, hatte der inzwischen verstorbene große japanische Filmregisseur Akira Kurosawa schon seinen schönen Film *Dersu Uzala* gedreht.

◎◎

Das Sibirische Tigerprojekt, ein gemeinsames Vorhaben russischer Tigerschützer und amerikanischer Zoologen, war eins der ersten «ausländischen» Vorhaben, die nach 1989 im Fernen Osten Rußlands genehmigt wurden – in Wahrheit war es ein Forschungsprogramm, darauf angelegt, Ökologie und Habitat-Erfordernisse von *Panthera tigris altaica* zu studieren, um so die Grundlage für einen schlüssigen Plan zur Rettung des Tigers zu gewinnen. Überdies sollte bei diesem Objekt mit den lokalen Behörden zusammengearbeitet werden, um die Öffentlichkeit über Tiger aufzuklären, um ganz allgemein den Naturschutz zu fördern und die Angestellten des Naturreservats von Sichota-Alin bei ihren Bemühungen zu unterstützen, die gegenwärtigen Grenzen des Reservats zu erweitern, um so neue Lebensräume für den Tiger zu gewinnen. Die Teilnehmer hatten sich auch vorgenommen, für die ersten organisierten Wildschutzpatrouillen im Reservat zur Bekämpfung von Wilderern Geld aufzubringen.

Die amerikanischen Co-Direktoren des Projekts, Maurice Hornocker und Howard Quigley vom Hornocker Wildlife Research Institute (das der University of Idaho angeschlossen ist), waren bei ihren Feldstudien des Berglöwen und des Jaguars Pioniere beim Einsatz von Funktelemetrie gewesen. Anfang der 1970er Jahre war Dr. Hornocker von russischen Wissenschaftlern in die Amur-Region eingeladen worden. Er sollte sie mit Telemetrie-Techniken vertraut machen. Dieser Plan wurde von der Sowjetregierung genehmigt, allerdings kurz darauf von der Nixon-Regierung untersagt. Es verstrichen zwanzig Jahre, bevor er in dem heutigen staatlichen Biosphärenreservat von Sichota-Alin willkommen geheißen wurde, dem größten Naturreservat im Fernen Osten. Es umfaßt 2200 Quadratkilometer mit bewaldeten Bergen, silbernen Strömen und einer unzerstörten Küste. Das Tigerprojekt sollte seine Basis in dem Reservehauptquartier in Ternej erhalten, einem Fischerei- und Holzhafen rund 560 Kilometer nordöstlich von Wladiwostok, der praktisch auf allen Seiten von Wald umgeben ist. Am 1. Januar 1992 konnte das Sibirische Tigerprojekt endlich anlaufen.

Im ersten Monat stellten die Forscher die schweren Kastenfallen auf, die nach Ansicht der Russen vielleicht brauchbar waren. Fußspuren zeigten aber schon von Anfang an, daß die Tiger sich vor den großen Kästen hüteten und sich die größte Mühe gaben, sie zu umgehen. Nach etwa fünf Wochen wurden die riesigen Kisten durch Fußschlingen ersetzt, die in den Vereinigten Staaten bei Bär und Puma mit Erfolg eingesetzt werden. Sie werden an aussichtsreichen Stellen, etwa Wildpfaden, ohne Köder vergraben. Diese Schlingen werden durch eine Feder ausgelöst, die bei dem Tier direkt über der Pranke eine gepolsterte Schlinge fest zuzieht, allerdings nicht so fest, daß sie die Haut verletzt oder den Blutkreislauf hemmt.

Eines Tages Anfang Februar setzte ein Jäger aus der Gegend, Wolodja Welitschko, die Forscher davon in Kenntnis, daß nur dreieinhalb Kilometer nördlich von Ternej ein von einem Tiger geschlagenes Beutetier zu finden sei, auf der anderen Seite des Flußdeltas in den Küstendünen. In den nächsten zwei Nächten versahen Howard Quigley und ein junger Biologe namens Dale Miquelle den toten Elch in der bitteren Kälte nach Mitternacht mit Schlingen und überwachten sie bei Tage, um sicherzustellen, daß ein eventuell gefangener Tiger nicht länger als unbedingt nötig festgehalten wurde. Nachdem kein Tiger in die Schlinge ging, setzten sie das Fallenstellen aus. Als sie vier oder fünf Tage später zurückkehrten, fanden sie knapp dreihundert Meter weiter ein neues Beutetier, das der Tiger den Berghang hinuntergeschleift hatte, weg von dem älteren Kadaver. In der Nähe des neuen Beutetiers wurde eine neue Schlinge vergraben, und als die beiden am nächsten Morgen mit Welitschko und Kathy Quigley, der Veterinärin des Projekts, zurückkehrten, fanden sie Studienobjekt Nummer eins, eine prächtige junge Tigerin. Sobald sie mit einem Betäubungspfeil aus einem Gewehr sediert war, stellte das Team Gewicht und Körpermaße der Tigerin fest und entnahm ihr eine Blutprobe. Dann wurde sie mit einem Funkhalsband ausgestattet. Alle bemühten sich angesichts der Außentemperatur von minus 15° C schnell zu arbeiten. Bei diesen Kältegraden gerinnt Tigerblut rasch. Kugelschreiber versagen ihren Dienst genauso schnell wie Hände. Später wurde die Blutprobe analysiert, um ihre genetische Zusammensetzung festzustellen und auf Anzeichen von Inzucht in der Tigerpopulation zu prüfen. Das Team war in einer Stunde mit seiner Arbeit fertig, und wenige Minuten später war die Tigerin wieder auf den Beinen und verschwunden. Am 16. Februar 1992 war der erste markierte Amur-Tiger (165 Pfund schwer, zwölf bis vierzehn Monate alt) gefangen und wieder ausgesetzt worden. Er trug jetzt das dicke Funkhalsband, das es den Wissenschaftlern erlauben würde, alle Aktivitäten und Aufenthaltsorte der Tigerin zu überwachen. Am nächsten Tag wurde sie gut eineinhalb Kilometer von der Falle entfernt entdeckt, als sie auf einer Ziegenantilope kauerte, die ihre Mutter gerissen hatte.

Diese erste junge Tigerin mit dem Spitznamen Olga war immer noch das einsame markierte Tier, als ich mir Ende Juni 1992 einen Platz in einer Maschine sicherte, die von Chabarowsk nach Kavalierowa, eine Bergbaustadt im Süden von Sichota-Alin, fliegen sollte. Dort stellten uns die russischen Kollegen Dr. Hornockers einen Wagen zur Verfügung, der uns auf der abgelegenen Schotterpiste, die dem Küstengebirge folgt, in das 250 Kilometer nördlich gelegene Ternej brachte. In der Nähe von Rudnaja Pristan («Rohmaterialhafen»), wo die Mineralien und das Holz von Primorski Krai sich dem großen Strom der Naturschätze Sibiriens nach Übersee anschließen, verbrachten wir die Nacht im Geographischen Institut, das, wie die meisten Regierungseinrichtungen im neuen Rußland, aus Mangel an Geldmitteln beklagenswert leer und heruntergekommen war. Ich kam am Vormittag des nächsten Tages in Ternej an – zwei Tage zu spät, wie sich herausstellte, um die Gefangennahme und Freilassung von Tiger Nummer 2 mitzuerleben, einer Tigerin, der die Forscher den Namen Lena gegeben hatten.

※

In *Dersu the Trapper* (Dersu der Fallensteller) erwähnt Arseniew die «berühmte Bucht von Ternej», die von «dem berühmten La Pérouse» am 23. Juli 1767 entdeckt worden sei. «Der Blick vom Meer aus durch das Tal ist wunderschön. Die hohen Berge mit ihren scharf gezackten Gipfeln sehen großartig aus ... und rufen einen Eindruck von wilder

Schönheit hervor ... Das Tal ist mit einem prächtigen Mischwald bedeckt, darunter viele schöne Zedern (gemeint war die wertvolle Koreanische Kiefer) ... Die alles verschlingende Hand des Holzkaufmanns hat diesen jungfräulichen Wald noch nicht angerührt.»

Ternej ist ein kleiner Fischerei- und Holzhafen und Zentrum eines Bezirks, in dem viele Menschen in der Verwaltung Arbeit finden. Mit seinen kleinen Holzhäuschen, zinkgrün gestrichen oder von einem verblichenen Blau, ihren Gemüsegärten und Lattenzäunen, den Klohäuschen, Wachhunden und dem säuberlich gestapelten Brennholz, den von Birken beschatteten Schotterstraßen, die sich bergauf und landeinwärts den Bergen entgegenschlängeln, schien das alte Ternej sich seit dem Besuch Arseniews zu Beginn des Jahrhunderts nur wenig verändert zu haben, obwohl die Mandschu-Chinesen schon längst verschwunden waren.

Maurice Hornocker, ein hochgewachsener Zoologe mit wettergegerbtem Gesicht, etwa Mitte Fünfzig, dem ich auf der Dorfstraße zum ersten Mal begegnete, ist vermutlich der führende Großkatzen-Experte der Welt. Er machte mich mit dem Zoologen Dale Miquelle sowie zwei russischen Wissenschaftlern bekannt, Igor Nikolajew und Jewgenij Smirnow, die beide durch ihre Feldarbeit große Erfahrungen mit *Panthera tigris altaica* haben. Smirnow nennt diesen Sapowednik «das Raubtierreservat», da man hier nicht nur den Tiger, sondern auch Luchs, Wolf sowie Braun- und Schwarzbär findet, daneben auch kleinere Fleischfresser von der angriffslustigen Gruppe der Wiesel – Zobel und Nerz, Vielfraß und Dachs, Wiesel und Baummarder –, die sich über das hermachen, was die Großkatzen verschmähen. (Der unter dem Namen *dhole* bekannte Wildhund ist jetzt in Rußland ausgestorben, obwohl er bis in die 1970er Jahre im südlichen Ussuri-Gebiet vorkam; der eigentümliche Canide namens Marderhund ist jedoch noch heute recht häufig.) Als Smirnow 1963 als Experte für Mäuse aus Moskau herkam, war der Tiger schon seit fast zehn Jahren im Reservat ausgerottet. Innerhalb von drei Jahren tauchten einige umherwandernde Exemplare auf, dann warf ein Weibchen Junge. Als sich eine kleine Population etablierte, verlor Smirnow das Interesse an Mäusen und wandte sich den Tigern zu. Seine Daten und Beobachtungen aus mehr als dreißig Jahren im Sichota-Alin-Gebirge stellen die längste fortlaufende Studie dar, die je über dieses Tier erstellt worden ist.

Smirnows Kollege Igor Nikolajew von der Akademie der Wissenschaften in Wladiwostok ist ebenfalls Berater des Sibirischen Tigerprojekts. Nikolajew hat viele Jahre mit dem bekannten Tiger-Experten A. G. Judakow zusammengearbeitet. Judakow ist der Ko-Autor von Nikolajews Buch *The Ecology of the Amur Tiger* (Die Ökologie des Amur-Tigers.) (Vor einigen Jahren wurde Dr. Judakow von einem umstürzenden Baum eingeklemmt, als er sich allein im Wald befand. Er befreite sich, indem er gefrorene Erde unter seinem zerschmetterten Bein wegkratzte. Dann kroch und schleppte er sich zu einer Siedlung. Obwohl er noch am Leben war, als man ihn fand, starb er einige Wochen später im Krankenhaus.) Nikolajew ist recht still und kein großer Redner, aber Dale Miquelle spricht mit großer Bewunderung von ihm; ihm zufolge «weiß Igor mehr über den Amur-Tiger in der Wildnis als jeder andere lebende Mensch». Da es an Geldmitteln für die Ausrüstung mit Geräten für Telemetrie fehlte, beruhte die Tigerforschung in Rußland weitgehend darauf, daß man den Tieren im Winter zu Fuß folgte. Auf diese Weise waren zahlreiche Basisinformationen über die Zahl der Tiger zusammengetragen worden, über ihre bevorzugten Wanderrouten, ihr Jagdverhalten, ihre Duftmarken und andere Verhaltensformen. Allerdings ließen sich Daten nur dann gewinnen, wenn der Boden schneebedeckt war. Die Funktelemetrie machte erstmals eine ganzjährige Beobachtung des Amur-Tigers und seines Verhaltens möglich, ebenso die ersten «Langzeitstudien», mit denen man bekannten Einzeltieren alle vier Jahreszeiten hindurch folgte.

@@

Die Wissenschaftler waren zu dem Flugfeld unterwegs, und ich fuhr mit. In einem alten Doppeldecker des Typs Antonow AN-2 mit einem Sternmotor von 1000 PS erhoben wir uns mühsam in die Lüfte und flogen über das niedrige Küstengebirge, dessen höchster Gipfel knapp 2000 Meter hoch ist, nach Norden.

Das Ussuri-Gebiet und Heilongjiang bestehen wie der Norden Japans aus dem, was Bio-Geographen als «mandschu-japanischen

Mischwald» bezeichnen. Etwas mehr als 70 Prozent sowohl der Region Primorski Krai als auch dem südlichen Chabarowski Krai, die insgesamt rund 95 Prozent des verbliebenen Verbreitungsgebiets des Amur-Tigers ausmachen, sind heute noch bewaldet. Aus der Luft betrachtet schien die unberührte Wildnis, die sich zu den Bergkämmen im Westen erhob und dann wieder zum Ussuri-Tal hin abfiel, völlig unverdorben zu sein. Dunkle Wälder mit Koreanischer Kiefer wachsen an diesen Berghängen. Oberhalb von 750 Meter kommen Tanne und Fichte hinzu; in geringerer Höhe nah der Küste wird eine aus Kiefern und Hartholz gemischte Taiga von Eichen und Birken beherrscht.

Mit Kopfhörern und der Funkverbindung versuchten die Wissenschaftler, ihre beiden Tiger zu finden. Schon bald wurde Olgas Signal nördlich von Ternej geortet, und die Maschine flog kreuz und quer über bewaldete Hänge und sonnenbeschienene Felsvorsprünge, Eichenwälder mit goldenem Laub, dazwischen dunkle Inseln mit Kiefern, und dort, wo die Berge plötzlich steil zum Meer hin abfallen, über den weißen Schaumkronen und dem dunklen, steinernen Blau des Japanischen Meeres. Die Huftiere, auf die die Tiger Jagd machen, ziehen hügelige Lebensräume und Stromtäler in der Nähe des Meeres vor, in denen Harthölzer, Kiefern und Unterholz Nahrung und Schutz bieten. Zapfen der Koreanischen Kiefer und Eicheln der Mongolischen Eiche sind lebenswichtiges Mastfutter für die Wildschweine, die Reh- und Hirscharten, aber auch für andere Waldgeschöpfe, von Bären bis zu Eichhörnchen. Obwohl Olga unter dem Blätterdach versteckt blieb, verrieten die Signale ihres Senders, daß sie sich bewegte und vermutlich bei guter Gesundheit war. (Die Sender übermitteln ein bestimmtes Signal, wenn der Tiger ruht, und ein anderes, wenn er aktiv ist, wobei für jedes Studienobjekt eine eigene Frequenz eingestellt ist.)

Der Doppeldecker neigte sich und gewann mit brüllendem Motor an Höhe. Wir flogen wieder über den schönen Serebrjanka-Fluß zu jener Stelle im Süden des Reservats, wo Lena gefangen worden war. Anders als Olga bewegte sich diese Tigerin nicht, was um die Mittagszeit normal ist. Ihr Signal kam jedoch immer noch aus einem bewaldeten Flußgebiet, das nur rund anderthalb Kilometer von dem Standort ihrer Gefangennahme entfernt war. Eine vollständige Erholung von diesem Schock kann zwei oder drei Tage dauern, aber die Biologen machten sich insgeheim Sorgen, daß Lena sich nicht schneller erholt hatte, weil sie nicht weitergewandert war.

Am nächsten Tag begaben wir uns in der Hoffnung zu entdecken, was ihr zusetzte, in den Wald. Wir folgten dem Chanow-Bach mehrere Kilometer durch Hartholz-Taiga mit Eichen und Birken, Linden und Ahorn, Pappeln, Eschen und Ulmen mit vereinzelten Kiefern. In dem frischen, luftigen Laubwald des späten Juni sahen wir überall dort, wo Sonnenlicht durch das Blätterdach sickerte, Veilchen und Butterblumen, Wildrosen und Walderdbeeren, Iris, Frauenschuh, Phlox, Wilden Wein – eine Flora der nördlichen Hemisphäre, die in einem Lebensraum von Tigern seltsam fehl am Platz zu sein schien. Auf einem Pfad, der wegen hoher Farne kaum zu erkennen war, entdeckten wir große, kräftige Fußspuren, dann eine frische Kratzspur. Vielleicht stammten diese von Lena, vielleicht auch nicht.

Berichte über Angriffe auf den Menschen durch den großen Amur-Tiger gibt es schon aus der Zeit von 1870, nämlich in den Berichten des Forschungsreisenden Nikolaj Preschewalski, der den riesigen, nicht sehr tiefen Chanka-See an der Grenze zwischen Ussuri-Gebiet und Mandschurei sowie das Steppenwildpferd entdeckt hatte, das seinen Namen trägt. Es gibt auch Berichte über «Mandschurische Tiger», die 1923 den Bau der Baikal-Amur-Magistrale behinderten, bis «sie eine wahre Geißel wurden, Arbeiter töteten und wegschleppten, so daß ein Kosakenregiment entsandt werden mußte, um die Situation zu bereinigen». Allerdings behauptete der Tiger-Experte V. K. Abramow 1961 in einem Bericht über diese Spezies, daß dieser Tiger niemals Menschen angreife: «Während all der Jahre seit der Revolution ist kein einziger Fall eines Menschenfressers gemeldet worden.» Vielleicht läßt sich der Widerspruch durch die Tatsache erklären, daß der Amur-Tiger in der von Abramow genannten Zeit so gut wie ausgestorben war.

Jedenfalls verleiht es einem Spaziergang in der Taiga eine gewisse Spannung, wenn man weiß, daß sich in der Nähe ein Tiger befindet. Unter den Farnen auf dem Waldboden sahen wir zahlreiche Kratzspuren, und in dem getrockneten Schlamm sprang uns ein schöner großer Abdruck in die Augen. («Die vollkommen klar abgegrenzten und frischen Abdrücke einer riesigen Katzenpranke, die sich auf dem verschlammten Weg wie scharf abzeichneten», wie Arseniew es beschreibt. Das Wasser hatte den Weg in diese recht frische Fußspur noch nicht gefunden.) Hoch oben an einem Baumstamm markierten tiefe Kratzer die Stelle, an der ein Tiger, auf den Hinterbeinen aufgerichtet, seine fünf Zentimeter langen Krallen geschärft hatte, indem er sie mit den mächtigen Schultern nach unten zog. Die Krallen im Verein mit der Stoßkraft seiner Eckzähne und der Schneidezähne, die Knochen durchtrennen können, erlauben es dem Tiger, eine Beute, weit größer als er selbst, zu überwältigen. Eine Duftmarke aus Urin an einer stark zerkratzten Ulme war ein weiteres Signal an andere Tiger, daß es sich hier um ein alteingesessenes Revier handelte. Das Wissen, daß ein so kraftvolles Geschöpf gerade hier zwischen diesen stummen Baumstämmen eine Pause gemacht hatte, daß das gestreifte Fell des Tieres sich hob und senkte, als es atmete und lauschte, war gelinde gesagt aufregend. Tiger besitzen nicht nur ein hervorragendes Gehör, sondern können auch räumlich und farbig sehen. Ein bedrohter Tiger schlägt mit dem Schwanz, der zur Warnung das schwarze Schwanzbüschel in die Luft ragen läßt, kann aber auch die Ohren in wirbelnde Bewegung versetzen, um deren mit auffallenden schwarzen Ringen markierte weiße Flecken auf der Rückseite zu zeigen; im übrigen hat sich ihre Zeichnung als Tarnanpassung an hohe Gräser, Schilf und Waldungen entwickelt, so wie die Flecken von Leopard und Jaguar dem gesprenkelten Licht unter Laubbäumen entsprechen, wenn der Wind mit den Blättern spielt.

Nach einiger Zeit näherten wir uns der Fangstelle am Fuß einer großen Linde. Der Erdboden um den Baum herum war überall aufgerissen, und ein junger Baum, dessen Stamm so dick war wie ein Männerarm, war glatt durchgebissen worden. Die Schlinge behindert den Tiger zwar in seinen Bewegungen, macht ihn aber nicht unbeweglich. Die Männer, die Lena gefangen hatten, sprachen mit Ehrfurcht von dem schrecklichen Gebrüll und den Sprüngen, der Wildheit, mit der diese 225 Pfund schwere Tigerin die Leine ihrer Schlinge dreimal unter Gebrüll schnell attackiert hatte, bevor zwei Betäubungspfeile aus dem Gewehr sie außer Gefecht setzten. (Später in jenem Jahr riß sich ein großer männlicher Tiger aus einer Schlinge los, als sich Dale Miquelle näherte, doch zu seinem Glück lief das Tier davon, ohne ihn anzugreifen.)

Seit ihrer Gefangennahme hatte sich Lena weniger als anderthalb Kilometer stromaufwärts bewegt. Da sie sich durch das Gerät am Hals zweifellos gestört fühlte, vielleicht noch eine wunde Pranke hatte oder durch die Betäubungsdroge desorientiert war, hatte sie sich vielleicht instinktiv weiter in dem kühlen Unterholz versteckt. Mit Hilfe einfacher Triangulation orteten wir ihren Standort und machten an einer Stelle halt, von der Maurice meinte, daß sie nicht mehr als neunzig Meter von der Stelle entfernt sei, an der der aufgeregte Tiger in dem Erlengestrüpp am Bach mit dem langen Schwanz hin und her schlug. Auf so kurze Entfernung hätte das Tier den großen Kopf mit seinen breiten, schwarzen Nasenlöchern und den langen, glänzenden Schnurrhaaren schon wachsam erhoben. Das Tier würde mit einem Zucken der weißgefleckten Ohren Fliegen vertreiben, und das Gesicht wäre in dem gestreiften Sonnenlicht durch die Kalligraphie kühner schwarzer Linien getarnt, die sich auf der weißen Stirn, dem Bart und der Halskrause zeigen, auf dieser schönen und erschreckenden Maske aus Schnee und Feuer.

In *Dersu the Trapper* übersetzt Arseniew eine Inschrift, die er in einem chinesischen Tempel in Primorski Krai gefunden hatte: «An den Herrn Tiger, der im Wald und in den Bergen wohnt. In alter Zeit ... hat er den Staat gerettet. Heute bringt sein Geist dem Menschen Glück.» Da ich dieser aufgeregten Tigerin so nahe war, konnte ich kaum sagen, daß ihr Geist mir «Glück» brachte, doch an diesem Tag im Kunalaika-Wald, als Lena uns aus ihrem Versteck beobachtete, spürte ich eine leidenschaftliche Erregung, die Freude sehr nahekam – Freude in dem Sinn, in dem das Wort von der Dichterin Elizabeth Bishop gebraucht wurde, als sie mit der rätselhaften Erscheinung eines Elchs am Straßenrand konfrontiert war:

Warum, warum empfinden wir
(das tun wir alle) dieses süße
Gefühl von Freude?

*

Aus dem Empfänger ertönte ein schnelleres Piepen, ein Hinweis darauf, daß Lena sich zwar nicht entfernte, aber auf den Beinen war und sich bewegte. Sie brüllte zwar nicht, aber niemand glaubte, daß sie gute Laune hatte.

Wir blickten wie gebannt auf den sonnigen Laubwald. Die Tigerin legte sich hin, erhob sich dann wieder und bewegte sich in einem engen Kreis wie ein Tier im Käfig. Ihre Ruhelosigkeit wurde durch ihre Signale übermittelt. Doch obwohl sie wußte, daß wir da waren, blieb sie, wo sie während der letzten drei Tage geruht hatte. Schließlich zogen wir uns leise zurück und verließen den Wald.

≈≈

Als ich eines Morgens Vögel beobachten wollte, ging ich allein los, um Strände, Teiche und Felsen an der Küste zu erforschen, wobei ich ein wachsames Auge darauf hielt, ob nicht Amba plötzlich auftauchte. An einem anderen Tag fuhren Maurice Hornocker und ich mit Wolodja Welitschko, dem Hirschjäger und Unternehmer, der bei der Gefangennahme Olgas geholfen hatte, hinaus auf See, um Lachse zu fischen. Das Meer war klar und sauber, und das Lachsvorkommen war reichlich. An diesem schönen Sommertag erfreute es uns, zwei Ziegenantilopen auf den Klippen zu beobachten, und einen Weißkopfseeadler, der alles von seinem Felsvorsprung voller Guano überblickte.

Bei einem dieser Tauschgeschäfte, die das harte Leben im neuen Rußland mit seinem von Improvisationen abhängigen Dasein erleichtert, kippte ein Trawler eine Fülle frischer Kammuscheln und Tintenfische in Wolodjas Boot, die wir später in seinem freundlichen Häuschen mit unserem frischen, rosigen Lachs, Gurken, Schwarzbrot, Hirschfleisch und den unerbittlichen Wodka-Toasts zu uns nahmen, die alle Besucher Rußlands verblüffen. Da kein Geld den Besitzer wechselte, nahmen wir an, daß Wolodja die Fischer mit Hirschfleisch versorgte. Hirschfleisch, Rote Bete und Kartoffeln sind in diesen hungrigen Zeiten die Hauptnahrungsmittel der Gegend. Hirsche sind auch die wichtigste Beute des Tigers in einer Landschaft, in der Beutetiere knapp sind, was zu einer Konkurrenz mit dem Menschen führt, aus der der Tiger, wie es scheint, nicht als Sieger hervorgehen kann.

≈≈

Einige Tage später hielt sich Lena noch immer am selben Standort auf, obwohl sie das Betäubungsmittel schon längst verarbeitet hatte und wieder auf der Jagd sein sollte. Vielleicht hatte sie an der Stelle, an der sie ruhte, glücklich Beute gemacht, aber die Biologen machten sich Sorgen, es könne etwas schiefgegangen sein, daß sie vielleicht krank sei, daß einem kostbaren Tier einer so seltenen Art etwas widerfahren sei. Da Maurice und ich am nächsten Tag abfuhren, beschlossen wir, in einer Hütte im Kunalaika-Tal zu übernachten und vor Tagesanbruch noch einen letzten Erkundungsgang zu machen.

In der Morgendämmerung, als die Waldvögel erwachten, machten wir uns mit Dale Miquelle in den Wald auf. Wir folgten dem kaum sichtbaren Pfad durch nasse Farne, verfolgten die Signale Lenas und kamen noch näher an sie heran als zuvor. Wir hofften, sie gerade genug zu stören, so daß sie sich auf den Weg machte. Nachdem wir sie so bedrängt hatten, wie wir es gerade noch wagten, hielten wir noch eine Stunde Wache. Bald tauchte die über dem Japanischen Meer aufgehende Sonne das Küstengebirge in ein strahlend helles Licht, und die Kukkucke und Drosseln beendeten ihren Gesang in der üppig belaubten Stille. Wir hörten nur das einsame Picken eines Spechts – ein hohl klingendes Picken, dann abwartende Stille, dann wieder ein Picken. *Pick.*

Dersu hatte V. K. Arseniew gesagt, daß die gesamte Schöpfung ein Körper sei, daß «alles *ein* Mann ist, auch Boden, Hügel, Wald ... alles selber Mann. Hören ihn atmen, alles selber Mann.» Ich konnte den Atem der Tigerin spüren, als ich atmete, und vielleicht konnten ihre scharfen Augen uns durch die Bäume sehen. Mit Sicherheit hörte sie uns, denn ihr Funksignal wurde zu einem schnellen *Piep-piep-piep*, als sie aufstand und im Kreis herumlief. Ihre Harlekinmaske mußte in unsere Richtung blicken, wobei sich das gestreifte Fell mit dem stinkenden, fleischigen Atem hob und senkte, als sie starrte und lauschte – ich konnte sie fast riechen. Gleichwohl wurden ihre Funksignale langsamer und sie legte sich wieder hin. Vielleicht war sie trächtig gewesen und hatte wegen des Stresses der Gefangennahme vorzeitig Junge zur Welt gebracht. Vielleicht hatte sie zufällig Beute gemacht und bewachte sie immer noch am Ufer des Bachs – wir würden es nie erfahren.

Mit Maurice Hornocker nutzte ich das Angebot, mit einem Hubschrauber der Regierung nach Chabarowsk zu fliegen. Das würde uns fünfzehn Stunden Autofahrt durch unwegsames Gelände ersparen. Dale Miquelle, der in der Gegend eine Freundin hatte und ein wenig Russisch konnte, wollte mit Jewgenij Smirnow und Igor Nikolajew in Ternej bleiben. Igor hatte inzwischen gelernt, die Funksignale der Tiger zu überwachen. Unsere Freunde würden die Nachricht von Lena nach Amerika schicken.

Als wir Ternej hinter uns gelassen hatten, überquerte der Hubschrauber die gelbbelaubten Eichenwälder von Sichota-Alin und folgte den Bergkämmen nach Norden zum Bikin-Fluß. Östlich davon hatte das südkoreanische Großunternehmen Hyundai vom russischen Forstwirtschaftsministerium einen Vertrag über ein dreißigjähriges Joint-venture zur Ausbeutung von 200 000 Morgen Urwald oberhalb der kleinen Ortschaft Swetlaja an dem Küsten-Berghang geschlossen. Hyundai hatte in Partnerschaft mit dem japanischen Unternehmen Mitsubishi eine nachhaltige Wiederaufforstung zugesagt, aber in dem Eifer, seine Investitionen möglichst schnell wieder einzuspielen, hatte das Unternehmen seine Zusagen souverän ignoriert, nachdem es die Fichten- und Tannenwälder auf den Hochebenen rücksichtslos abgeholzt hatte. Bislang hatte das Unternehmen fast 400 000 Festmeter geschlagen (auf etwa 5 000 Morgen) und wollte noch vor Jahresende die dreifache Menge von den Berghängen holen.

1995, als sich diese Swetlaja-Operation aus Mangel an Holz schon verlangsamte, machten die Wissenschaftler des sibirischen Tigerprojekts ihren einzigen Besuch an dem Standort, wo ihre koreanischen Gastgeber ihnen ein schönes Tigerfell zum Kauf anboten. Zum Glück wandte sich Hyundai nicht dem Urwald auf der anderen Seite des Bergkamms in dem ursprünglichen Bikin-Becken zu, einem 600 000 Morgen großen Einzugsgebiet des Flusses, das zusammen mit dem Einzugsgebiet des Samaga und den Sapowedniki den fast letzten Urwald im Ussuri-Gebiet bildet. Der knapp 500 Kilometer lange Bikin ist so gut wie unberührt, und der russische Tigerforscher Dimitrij Pikunow, der sich vehement für die dort lebenden Ureinwohner einsetzt, die Udege, hat geschätzt, daß das Becken des Flusses zehn Prozent oder mehr aller Amur-Tiger beherbergt, die es auf der Erde noch gibt. Die Udege und Nanai, die im Einzugsgebiet des Bikin lebenden Völker, sind Fallensteller. Ihre Beute sind die Felle von Zobel, Otter und Kaninchen. Sie ernähren sich weitgehend von Fleisch, aber wie Dersu verehren und respektieren sie Amba und nehmen nicht mehr von dessen Nahrung, als sie brauchen, um ihn nicht zu erzürnen. In ihrer wichtigsten Siedlung bei Krasnij Jar herrschen starke Ressentiments gegen die Abholzung der Wälder, die den Tiger und auch die tungusische Kultur bedroht. Mit Unterstützung bestimmter Behörden sowie Umweltorganisationen protestierten die Udege hartnäckig gegen die Invasion der Holzfirmen. Hyundai verfügte jedoch auch weiterhin über eine mächtige Lobby bei den Regionalbehörden, und die Zukunft des Bikin-Gebiets und seines Tiger-Habitats war in tiefes Dunkel gehüllt, vom Schicksal der einheimischen Bevölkerung ganz zu schweigen.

Von Chabarowsk aus reisten Maurice Hornocker und ich mit dem Wagen zum Bolsche-Chetskir-Reservat in der Nähe des Zusammenflusses von Ussuri und Amur, wo wir an einer Notkonferenz über die bedrohten Biosphärenreservate teilnahmen. Alle Konferenzteilnehmer waren sich darin einig, daß die Forstverwaltung in dem neuen Rußland zutiefst demoralisiert und mittellos sei. Die Einnahmen aus Pachtverträgen über Holzeinschlag und Bergbaurechte mit ausländischen Unternehmen waren inzwischen lebenswichtig geworden, wenn die Waldreserven überleben sollten. Diese Pachtverträge wurden jedoch von den unüberlegt Raubbau treibenden multinationalen Unternehmen ernsthaft mißbraucht. Es schien unvermeidlich, daß der Umweltschutzarm des Forstministeriums weit weniger mächtig war als die Abteilung für Forstindustrie, die mit Billigung der Moskauer Regierung die Zukunft Sibiriens zu Schleuderpreisen verhökerte. Ein erschöpfter Umweltschützer drückte es so aus: «Die hohen Beamten behaupten, man habe zur Erhaltung der Wälder Geldmittel bereitgestellt, doch es stellt sich unentwegt heraus, daß sie es nicht getan haben.»

Der größte Teil Sibiriens war immer noch entlegen und wurde durch das Fehlen von Straßen geschützt, aber das Amur-Becken, das über Hunderte von Kilometern stromaufwärts per Schiff erreichbar ist, würde zugunsten der riesigen neuen Märkte in Korea und Japan zerstört werden.

Amerikanische Unternehmen fielen auch schon über Sibirien her, vor allem Weyerhaeuser, eine Firma, deren unersättliche Kahlschläge im pazifischen Nordwesten der Vereinigten Staaten mit der dazugehörigen Zerstörung der Flüsse nicht gerade der naiven russischen Vorstellung entsprach, daß amerikanische Unternehmen wissen, wie man Forstwirtschaft betreibt. Angaben von Weyerhaeuser zufolge verfügt Rußland über 58 Prozent der Nadelwaldbestände der Welt (die Vereinigten Staaten über 11 Prozent und Kanada 14 Prozent). Wie viele multinationale Unternehmen war Weyerhaeuser in erster Linie an einer schnellen Ausbeutung des Fernen Ostens Rußlands interessiert und bemühte sich um einen Pachtvertrag in der unberührten Region des Botscha-Flusses nördlich der Hyundai zugesprochenen Gebiete bei Swetlaja.

Betrachten wir einmal die Verhältnisse im amerikanischen Nordwesten an der Pazifikküste: Dort werden die Verteidiger der Eulenart *strix occidentalis* nur lächerlich gemacht und bedroht, um die öffentliche Aufmerksamkeit von jahrzehntelangem Arbeitsplatzabbau dieser Unternehmen etwa durch Automatisierung der Sägewerke und den Verkauf von Rohholz ins Ausland abzulenken. Nach und nach sind auch alle die Arbeitsplätze in der holzverarbeitenden Industrie verschwunden, welche die Fertigprodukte herstellten. Diese global tätigen Industrien würden den ausgehungerten regionalen Wirtschaftssystemen nichts zurückgeben. (Hyundai erschien sogar mit eigenen koreanischen Arbeitern.) Wahrscheinlich würden sie eher die Region all ihrer Ressourcen berauben und sich aus dem Staub machen, bevor Schutzmaßnahmen in Kraft treten könnten, die für Rußlands Zukunft etwas von Sibirien retten können. Es bedarf wohl kaum einer Erwähnung, daß der Amur-Tiger ein frühes Opfer dieser rücksichtslosen Kahlschläge sein wird. Maurice Hornocker nennt ihn «die gefleckte Eule des Fernen Ostens Sibiriens».

Verglichen mit den dahinschwindenden Regenwäldern der Erde haben Umweltschützer die große Taiga Sibiriens weitgehend übersehen. Dabei ist sie in jeder Hinsicht wichtig, nicht nur was die biologische Vielfalt und die Bodenschätze angeht, sondern auch für Erneuerung und Gesundheit der kostbaren Atemluft unseres Planeten und für Wasser, nämlich durch die Absorption umweltschädlicher Substanzen sowie durch die Erzeugung von Kohlendioxid. Ohne Intervention und Schutzmaßnahmen werden die Bemühungen, höchst seltene Arten wie den Amur-Tiger und den im Fernen Osten lebenden Leoparden zu retten, vergeblich sein.

◎◎

Das knapp achthundert Kilometer vom Delta landeinwärts gelegene Chabarowsk liegt am Zusammenfluß von Ussuri und Amur und ist somit auch ein Einfuhrhafen an der chinesischen Grenze. Auf seinem riesigen Basar werden an endlosen Verkaufsständen und auf ungezählten Regalen die geschmuggelten, gestohlenen oder billigen Nachahmungen westlicher Produkte des alles überflutenden Weltmarkts angeboten. Ich war froh, die Stadt Anfang Juli mit einer internationalen Ornithologenexpedition verlassen zu können. Wir gingen an Bord eines Schiffs, dessen Bestimmungsort das nordwestlich gelegene Blagowjeschtschensk war. Wir waren auf der Suche nach Nistplätzen zweier seltener Kranicharten. Immer noch auf der Kranichsuche, kehrte ich nach Süden zurück, ins Ussuri-Tal und an den Chanka-See, von wo ich nach Heilongjiang zu einer dritten Kranich-Expedition aufbrach, nämlich zu den entlegenen Flüssen und Sümpfen der östlichen Mongolei. Alle diese Regionen gehören mit den angrenzenden Gebieten des nördlichen China zum früheren Verbreitungsgebiet des Tigers.

Als ich im Spätsommer in die USA zurückkehrte, fand ich eine Nachricht von Dr. Hornocker vor, daß die Tigerin Lena schon wenige Tage nach unserer Abreise aus Ternej wieder wie gewohnt auf die Jagd gegangen sei. Seitdem sei eine dritte Tigerin gefangen und mit einem Funkhalsband versehen worden. Im Oktober erfuhren wir von Dale Miquelle, daß ein viertes Weibchen und zwei halberwachsene Jungtiger (mit den Namen Maria Iwanowna, Katerina und Kolja) im nördlichen Teil des Reservats gefangen worden waren. Damit gab es insgesamt sechs «markierte» Tiere. Das Sibirische Tigerprojekt machte also beachtliche Fortschritte. Maurice lud mich begeistert ein, im Winter zurückzukommen, wenn es weit größere Chancen gebe, einen Tiger zu sehen; doch es vergingen noch drei Jahre, bevor es soweit war.

※

Der prachtvolle Tiger wetteifert mit dem afrikanischen Elefanten und dem Blauwal um den Rang des majestätischsten und emblematischsten Geschöpfs in Folklore und Phantasie der Menschheit. Aber während der Elefant und seine ungeheuren Mysterien schon ausführlich studiert worden sind, hat der Tiger bis in die jüngste Zeit hinein infolge seiner nächtlichen Jagdgewohnheiten und seiner zurückgezogenen Lebensweise unter einem fast totalen Mangel an systematischer und langfristiger Feldforschung gelitten. Als das Sibirische Tigerprojekt anlief, waren mindestens drei der acht Unterarten oder geographischen Rassen von *Panthera tigris*, die von Zoologen heute anerkannt sind, in der freien Wildbahn ausgestorben.

Sogar die Stammesgeschichte der Tiger – Evolution und Geschichte der Katzenfamilie *Felidae* und ihrer Tigerarten – ist nur in Ansätzen bekannt. Im Oligozän, der drittältesten Stufe des Tertiärs, entwickelten sich frühe fuchsähnliche Tiere zu Hunden und Bären, Waschbären und Wieseln; bestimmte Küstenbären an den Küsten des Pazifik wurden zu den Vorfahren der Walrosse und Ohrenrobben oder «Seelöwen». Gleichzeitig entwickelten sich frühe Verwandte der Mungos zu Hyänen und Katzen, unter denen wir auch die ausgestorbenen Säbelzahnkatzen finden, die eine separate Unterfamilie der Felidae bildeten und die mit den modernen Formen nicht eng verwandt waren.

Die Gattung *Panthera* großer, brüllender Katzen schließt den Tiger und den Löwen ein, den Leoparden und den Jaguar; in älteren Texten wird manchmal auch der Schneeleopard aufgeführt, aber die meisten Fachleute rechnen ihn nicht der Gattung *Panthera* zu, weil er nicht brüllt. (Beim Schneeleoparden ist das zu dem Kehlkopfknochen gehörende Zungenbein fest wie beim Nebelparder, dem Berglöwen und dem Geparden statt knorpelig und flexibel wie bei den brüllenden Großkatzen.) Ursprünglich entwickelte sich die Gruppe in Reaktion auf eine explosionsartige Zunahme von Huftieren im Eiszeitalter. Vor allem sind die vielen Arten von Rehen, Schweinen und Wildrindern zu nennen, die für ein großes Raubtier, das Waldränder absuchte, eine klare ökologische Nische schufen. Der Tiger war wahrscheinlich das früheste moderne Mitglied dieser Gruppe, das auf der Erde auftauchte. «Molekulare Stammesgeschichten ... lassen erkennen, daß der Tiger sich vor mehr als zwei Millionen Jahren von dem (*Panthera-*)Vorfahren löste, und zwar vor dem Löwen, dem Leoparden und dem Jaguar», wie Andrew Kitchener vom Royal National Museum of Scotland schreibt. Dieser hat in den letzten Jahren eine sorgfältige Analyse von Museums-Exemplaren vorgenommen.

Die frühesten bekannten Tigerfossilien, die aus dem späteren Pliozän, der jüngsten tertiären Erdepoche, und dem frühen Eiszeitalter datieren, stammen von Fundorten, die so weit auseinanderliegen wie das zentrale Java, Nordchina und die Ljächow-Inseln vor der Nordküste Sibiriens. Die javanischen Tiere waren ebenso groß wie oder größer als jede moderne Rasse und hatten schon den schmaleren Fuß entwickelt, den man bei modernen Tigern findet. Jedoch wird allgemein angenommen, daß dieser Tiger nicht der direkte Vorfahr der modernen javanischen Tigerart ist, die später vom Festland her zuwanderte und die Inseln des Sunda-Schelfs über die Landbrücken erreichte, die durch die Absenkung des Meeresspiegels in den zwanzig oder mehr Eiszeiten gebildet wurden, die während des Eiszeitalters 1,7 Millionen Jahre zu- und abnahmen.

Seltsamerweise verfolgte der Tiger während des Fauna-Austauschs, der im Pleistozän zwischen Eurasien und Nordamerika über die heutige Beringstraße stattfand, die Herden seiner Beutetiere nicht. Das liegt möglicherweise daran, daß der Tiger trotz seiner Anpassung an sibirische Winter mit bis zu minus 40° C nicht in Winterschlaf fallen konnte wie der Braunbär und sich deshalb mit Beginn des eisigen Winters zurückzog. Vielleicht lag es auch daran, daß die ökologische Nische des Tigers in Nordamerika schon zum Teil von anderen Katzen eingenommen wurde, darunter dem Luchs, dem Berglöwen, dem Geparden und dem «Säbelzahntiger». Es sind jedoch im östlichen Teil der damaligen Beringschen Landbrücke, der heutigen Beringstraße, aus der späten Eiszeitperiode Fossilien aufgetaucht, die man als Tiger identifiziert hat. Vielleicht haben die Tiger die Hirsche bei ihren sommerlichen Wanderungen bis zum westlichen Alaska verfolgt. Möglicherweise sind sie ausgestorben, bevor eine lebensfähige Population sich bilden konnte. In Amerika sind keine Tigerfossilien gefunden worden, und auch nach Westen, nach Europa, hat sich die Art nicht ausbreiten können, was vielleicht an der Konkurrenz mit dem eng verwandten Löwen gelegen hat.

Eine Theorie der «nördlichen Ausbreitung» des Tigers wurde schon früh von einem russischen Naturforscher und Großwildjäger vorgelegt: «Es besteht Grund zu der Annahme, daß viele der größeren Tiere wie etwa Gaur und Bison ursprünglich Sibirien und die Mandschurei bewohnten. Die klimatischen Bedingungen, die sie nach Süden trieben, würde zweifellos erklären, weshalb der Tiger sie auf der Suche nach Nahrung begleitete.»

In den letzten Jahren ist diese Idee von einer anderen Theorie angezweifelt worden, derzufolge *Panthera tigris* aus dem Süden Chinas stamme, was an primitiven Schädelbesonderheiten zu erkennen sei, die angeblich noch bei der sogenannten südchinesischen Rasse zu finden seien, *Panthera tigris amoyensis*. Aber dieses chinesische Fossil ist eine Zwischengröße zwischen einem Leoparden und einem kleinen Tiger und könnte deshalb ein Urahn des Leoparden sein, da die brüllenden Großkatzen der Gattung *Panthera* so eng miteinander verwandt sind, daß die Schädel von Löwe und Tiger praktisch identisch sind. Der Schädel des Leoparden unterscheidet sich nur durch seine geringere Größe. Wie Kitchener bemerkt: «Es wird gemeinhin behauptet, der Mittelpunkt der Evolution des Tigers sei der Norden Chinas, aber die dort gefundenen Fossilien lassen diese These zweifelhaft erscheinen, nämlich angesichts der weiten Verbreitung der Art zu Beginn des Eiszeitalters. Es ist überdies unnötig, eine so eingegrenzte Region für die Evolution des Tigers zu fordern oder sie sich auch nur vorzustellen, da bei einer Population nur eine genügende zeitliche Trennung nötig ist, um genetische und morphologische Abweichungen einer Schwester- oder Vorfahrenart zu ermöglichen, die sich in weiten Bereichen Ostasiens hätte ereignen können.» (Nach seiner Ansicht ist der Genstrom unter Tigern bis in die jüngste Zeit hinein so umfassend gewesen, daß es schwierig ist, erkennbare genetische Gruppen zu isolieren, es sei denn die kaspische Rasse oder die Inseltiger. Da es an schlüssigen Belegen fehlt, mittels deren sich verschiedene Unterarten des Tigers bestimmen lassen, kommt er zu dem Schluß, daß es höchstens drei Unterarten gebe, wahrscheinlich aber gar keine. Andererseits ist die Vielfalt der Tigermerkmale, durch die sich separate Populationen unterscheiden, ein nützlicher Hinweis auf die wundervolle Anpassungsfähigkeit der Art insgesamt.)

Gegenwärtig gehen die meisten Experten davon aus, daß die Spezies *tigris*, die sich in Nordostasien entwickelt hatte, als weite Teile der Wüste Gobi und des trockenen Zentralasien Steppe waren und die Flüsse der Mongolei von dichtem Schilf und Uferwäldern gesäumt waren, sich nach Westen ausbreitete, und zwar bis zum Kaukasus und der östlichen Türkei, wo der Kaspische Tiger, wie man ihn nennt, die westlichste Spitze der Ausdehnung darstellen würde. Er breitete sich auch nach Süden aus, nach Südostasien, und zog auch nach Südwesten auf den indischen Subkontinent. Als der Meeresspiegel während des Pleistozäns sank und das Sunda-Schelf freilegte oder schmaler machte, das die Halbinsel Malakka mit Ostindien verband, wanderte der Tiger nach Sumatra, Java und Bali – vermutlich vor dem späten Pleistozän, da die Mitochondrien-DNS der Inseltiger mit denen der auf dem Festland vorkommenden Formen identisch ist, obwohl die letzte Landverbindung zwischen Sumatra und der Halbinsel Malakka sich unterhalb der Malakkastraße vor annähernd achttausend Jahren absenkte, vor dem Ende der letzten Eiszeit.

Als sich die Erde nach der Eiszeit erwärmte, verloren die Tiere, die sich in südlicher Richtung ausbreiteten, offenbar ihr langes Haarkleid, die schweren Haarbüschel an den Tatzen und ihre ungeheure Größe: Unter den heutigen Tigern lassen sich nur die Sibirische und die Indische oder Bengalische Rasse größenmäßig mit den Ur-Tigern vergleichen. Der Sibirische wie der Indische Tiger haben sowohl die Körperlänge und das Gewicht beibehalten, um die größeren Huftiere erbeuten zu können, etwa den Elch im Norden und im Süden den Aristoteleshirsch, der es an Größe mit dem Elch aufnehmen kann.

In wärmeren Breiten war die Körpergröße des Pleistozän-Raubtiers nicht mehr vorteilhaft. Die größere Hitze erzeugende «Maschine» (in Beziehung zur Hitze-abgebenden Oberfläche) war als Anpassungsmechanismus an ein kaltes Klima nicht mehr notwendig, und die Größe, die nötig gewesen war, um riesige Pleistozän-Säugetiere zu töten, war ebenfalls kein Vorteil mehr. (Die Größe eines Tigers entspricht der Größe seiner wichtigsten Beutetiere, die meist, aber nicht immer, in den Tropen und bei der Inselfauna kleiner sind.) Im späten Eiszeitalter hatte sich der moderne Tiger in einem größeren Verbreitungsgebiet etabliert als fast alle anderen Katzen mit Ausnahme des Leoparden und des Löwen. Der Tiger siedelte jetzt unterhalb des Äquators in 10° südlicher Breite bis zum östlichen Sibirien auf 50° nördlicher Breite. Mit Ausnahme der trockenen Berge und Hochebenen in den zentralen Wüsten des himalayischen Regenschattens in den Kunlun-Bergen und Tibet jagte dieses wundervolle Tier in einer erstaunlichen Vielfalt bewaldeter Lebensräume, angefangen bei trockenen Hochlandwäldern bis zu den regenreichen Dschungeln und den Mangrovenwäldern an der Küste.

Während des Vordringens und Zurückweichens der großen Gletscher erreichte der Tiger die Insel Sachalin sowie Japan und Borneo (wo die Angehörigen des Bisaya-Stamms ihre wenigen Tigerzähne immer noch in hohen Ehren halten. Sie behaupten, ihre Vorfahren hätten noch vor zwei- oder dreihundert Jahren Tiger gejagt). In Japan starb er anscheinend aus, bevor der Mensch auftauchte, um ihm ein Ende zu machen, obwohl er in der japanischen Kunst als herausragende Ikone und Sujet überlebt hat, etwa in den kühnen, kräftigen und doch zarten Zeichnungen von Sengai und auf den lebendigen goldenen Tigerschirmen im Nansenji-Tempel in Kyoto. Da es auf Sri Lanka keine Tigerfossilien gibt, weil die Insel durch den steigenden Meeresspiegel isoliert wurde, nimmt man an, daß Tiger vielleicht recht spät auf dem indischen Subkontinent ankamen – zumindest zu spät, um während des Absinkens der Meere nach Sri Lanka zu gelangen. Allerdings könnte es auch hier so sein wie im Gebiet der heutigen Beringstraße, daß der Tiger sich hier nur ansiedelte, um kurze Zeit später auszusterben.

Mit dem Aufkommen der Landwirtschaft und der Dörfer des Menschen wurden erstmals Wälder im großen Stil abgeholzt, und so wurden im Lauf der Jahrtausende die regionalen Tiger-Populationen nach und nach voneinander abgeschnitten. Da der Tiger sich mühelos an verschiedene klimatische Gegebenheiten anpaßt, brachte die Ungleichheit der Lebensbedingungen nach und nach Populationen hervor, die sich in Größe, Streifenmuster und Färbung mehr oder weniger deutlich voneinander abhoben – in der Frühzeit der Klassifikation nach Linné genügten solche allgemeinen Kriterien, um bestimmte Tiger als morphologische «Unterart» oder Rasse zu bezeichnen.

Alle modernen Katzen – es gibt siebenunddreißig Arten – sind eng miteinander verwandt. Sie unterscheiden sich hauptsächlich durch das Verhältnis zur Größe ihrer Beutetiere sowie die Anforderungen an die Tarnung. Da sämtliche Felidenarten von allen Landsäugetieren beispielsweise die striktesten Fleischfresser sind, ist ihnen allen die intensive Beschäftigung mit der Jagd gemeinsam, die einem sofort auffällt, wenn man Jungkatzen und Kätzchen beobachtet – sie schleichen sich an und rennen, fallen übereinander her und packen einander. Andere Spiele kennen sie nicht. Tatsächlich sind die meisten Großkatzen in ihrer Charakterbildung so ähnlich – Ausnahmen sind vielleicht der in offenem Gelände lebende Löwe und der Gepard –, daß vieles von dem, was wir über das Verhalten des Tigers in der Wildnis wissen oder zumindest vermuten, durch Rückschlüsse vom Verhalten der kleineren Verwandten des Tigers bekannt geworden ist.

◎◎

Wie immer es um die genetische Stichhaltigkeit von Unterarten oder geographischen Rassen beim Tiger bestellt sein mag – die Amur-Population, *Panthera tigris altaica*, wird allgemein als größte der heutigen Tigerarten bezeichnet. Es stimmt zwar, daß *altaica* in seinem winterlichen Haarkleid – das ihm wegen der langen Haare einmal den Namen *longipilis* eintrug – massiver wirkt als die indische Rasse, aber dennoch ist die Schulterhöhe der Amur-Tiger nur fünf bis zehn Zentimeter höher als die der mächtigen Bengaltiger, *Panthera tigris tigris*, die südlich des Himalaja auf dem nördlichen Subkontinent leben. Obwohl großgewachsene Männchen beider Rassen von 2,75

Ein Amur-Tiger wetzt die Krallen

Küstenregion des Sikhote-Alin-Reservats

Im Bolsche-Chetskir-Gebiet, nahe dem Zusammenfluß von Ussuri und Amur

Sibirische Tiger beim Spielen, Paaren und Jagen

Oben: Howard Quigley (rechts) und Waldhüter Viktor Woronin untersuchen Fährten einer Tigerin mit Jungen
Unten: Bei Ternej am Fluß Serebrjanka

Oben: Das Fischerdorf Ternej
Unten: Jäger mit einem erlegten «Menschenfresser»

bis 3,66 Meter lang sein können, kann der Amur-Tiger, der sich bei der Jagd mehr anstrengen und seine Beute in einem größeren Umkreis suchen muß, sogar weniger wiegen: Igor Nikolajew, der Wissenschaftler des Sibirischen Tigerprojekts, der über die reichsten Erfahrungen in der Feldarbeit verfügt, kennt keinen wildlebenden Amur-Tiger, der schwerer gewesen wäre als 590 Pfund, ein Gewicht, das man auch einzelnen Exemplaren von *Panthera tigris tigris* zuschreibt. Ein großes wildlebendes Weibchen kann vielleicht gut 400 Pfund Gewicht erreichen, doch bei dem sibirischen Forschungsvorhaben sind bis 1999 rund fünfzehn Tigerinnen gewogen worden, von denen keine mehr wog als rund 300 Pfund. (Sexuelle Zweigestaltigkeit ist bei den größeren Rassen auffälliger. Bei ihnen kann das Männchen bis 1,7mal mehr wiegen als das Weibchen; die Gründe dafür sind jedoch so gut wie unbekannt.) Wie auch immer: Die von den Wissenschaftlern des Projekts festgestellten Durchschnittsgewichte scheinen niedriger zu sein als die in der Vergangenheit notierten. (Mindestens ein Experte hat den Verdacht, daß dies mit dem Unterschied zwischen realem Gewicht und Schätzungen von Jägern zu tun hat. Er betont, daß wildlebende Tiger vielleicht fünfzehn Jahre alt werden, in Gefangenschaft aber zwanzig oder mehr. Meist wachsen sie ihr Leben lang weiter, was dazu führt, daß es bei allen Großkatzen gelegentlich zu wahrhaft riesigen Männchen kommt, auch bei Jaguaren und Berglöwen.)

Während alle Tiger im wesentlichen das gleiche Tier sind, scheint die Größe nach und nach abzunehmen, wenn das Verbreitungsgebiet der Spezies sich dem Äquator nähert. So sollen die südchinesischen, indochinesischen und kaspischen Rassen (*Panthera tigris amoyensis, corbetti* und *virgata*) angeblich kleiner sein als *Panthera tigris altaica*, und die drei Inselrassen der Tropen – der Sumatra-, der Java- und der Bali-Tiger (*Panthera tigris sumatrae, sondaica* und *balica*) – sind noch kleiner. Die ausgestorbene japanische Form hatte etwa die gleiche Größe wie die Inseltiger.) Selbst im Süden Indiens ist *Panthera tigris tigris* nicht nur kleiner, sondern auch dunkler und dichter gestreift als die große weiter nördlich lebende *tigris*-Form, etwa die Tiger Südostasiens und der Inseln.

Wo immer die Spezies vorkommt, residiert der Tiger auf dem Gipfel seines Ökosystems, und die Gesundheit der Tigerpopulation ist der beste Indikator für die Gesundheit des Ökosystems insgesamt. Indem er durch sein räuberisches Verhalten für die Regulierung der Pflanzenfresser-Populationen sorgt, sichert der Tiger für das gesamte System Stabilität und biologische Vielfalt; er ist auch etwas, was Ökologen eine «Regenschirm-Art» nennen, deren Schutz andere Pflanzen- und Tierformen als natürliche Ressourcen beschirmt und bewahrt.

∞

Obwohl *Panthera tigris* stark bejagt wurde und die Bestände damit verringert waren, geht man heute allgemein davon aus, daß noch zu Beginn des zwanzigsten Jahrhunderts weltweit 100 000 Tiger am Leben waren. Seitdem hat ihre Zahl dramatisch abgenommen. «Die Art geht jetzt ohne Zweifel dem Aussterben entgegen», wie ein Experte vor mehr als fünfzig Jahren bemerkte. Im Lauf meines Lebens sind drei ihrer geographischen Populationen, vielleicht sogar vier ausgerottet worden, und mindestens drei weitere werden wohl in den ersten Jahrzehnten des neuen Jahrhunderts für immer verschwinden. Angesichts der Tapferkeit und der zähen Anpassungsfähigkeit dieser Art ist ein solches Unglück zutiefst bedauerlich. Obwohl wir fast zusehen können, wie immer mehr Tiger verschwinden, bleiben Informationen und Daten über Zustand und Verteilung der überlebenden Rassen des Tigers überraschend unvollständig – und das ist ein Zeichen dafür, wie wenig über diesen gefährlichen Jäger bekannt ist.

Gegenwärtige Schätzungen der Zahlen wildlebender Tiger schwanken zwischen 4 600 und 7 700. Ein Bericht der Wildlife Conservation Society (WCS) vom November 1995 ging von einer Gesamtzahl von «weniger als 5 000» aus, und die meisten Biologen und Umweltschützer, mit denen ich im Verlauf meiner Reisen in Sachen Tiger gesprochen habe, setzen eine noch niedrigere Zahl an. Die offiziellen Zahlen der asiatischen Staaten, in denen Tiger leben, lassen sich jedenfalls auf keinen Fall akzeptieren, denn diese Länder melden aus den verschiedensten politischen Gründen auch weiterhin «Geistertiger» in verwüsteten Landschaften, in denen keine lebensfähige Tigerpopulation existieren könnte.

In fast allen Staaten, in denen Tiger leben, sind sich die Kräfte, die dabei mitwirken, die Art auszulöschen, auf deprimierende Weise gleich, obwohl die Reihenfolge der Auswirkungen von Land zu Land verschieden ist. Fast invariable Faktoren sind die Vernichtung und der Verlust von Lebensraum infolge immer stärkerer menschlicher Präsenz und Tätigkeit. Zu nennen sind Landwirtschaft, Holzeinschlag und Bergbau, Waldbrände und Kriege; hinzu kommen noch Jagd und Wilderei auf den Tiger und seine Beutetiere, was wiederum dazu führt, daß Tiger sich über Vieh hermachen, was wiederum zu tödlichen Konfrontationen mit dem Menschen führt; Schwächung infolge von Inzucht (geringe Gen-Variationsbreite bei Tigern, die zu eng miteinander verwandt sind, was zu einer schwächeren Immunität gegen Krankheit und/oder geringer Fruchtbarkeit führt. Die Folge: hohe Sterblichkeit und schließlich Aussterben dieser Gruppe); und «genetische Abweichung» – ein Zustand, der durch zufälligen Genverlust bei kleinen Populationen ausgelöst wird. Obwohl die spezifischen Ereignisse, die dem Leben der letzten Individuen einer Population ein Ende machen, nur selten bekannt sind, war es vermutlich unvermeidlich, daß die ersten geographischen Rassen, die auf der Erde verschwanden, der Bali-Tiger (zuletzt 1939 zuverlässig gesichtet oder gemeldet), der Kaspische Tiger (1968) sowie der Java-Tiger waren (1979). Diese Populationen waren vermutlich am längsten von der Hauptmasse der Art getrennt gewesen und sind somit an den entferntesten Vorposten des Verbreitungsgebiets im Osten wie im Westen ausgestorben.

◎◎

Der Kaspische (oder Uralaltaische oder Hyrkanische) Tiger war schon immer durch die hohen Wüstengebirge Afghanistans und des nördlichen Pakistan von seinen Verwandten auf dem Indischen Subkontinent getrennt gewesen; als in den letzten Jahrtausenden die Wälder schrumpften und die große Steppe austrocknete und zu Wüste wurde, bedeutete dies die Isolation von *Panthera tigris virgata* von den Tigern Ostasiens, da sich die trockenen Hochebenen im Norden der Mongolei, in Sinkiang und dem nördlichen Tibet sowie die kalten Einöden der Kunlun-Berge und der Taklamakan-Wüste immer mehr ausdehnten und zu einer wirksamen Barriere wurden. («Taklamakan» bedeutet so etwas wie «Wer dort eintritt, kommt nicht wieder heraus».) Der Tiger kann die Kälte ertragen, aber nicht in trockenem Gelände überleben, wo es selbst seinen Beutetieren schwerfällt, Nahrung und Wasser zu finden.

Panthera tigris virgata war ein mittelgroßer, blasser Tiger (dessen Streifen angeblich eher bräunlich als schwarz waren), der in den Schilfdickichten des Kaukasus und der großen Binnenseen des westlichen Asien lebte. Wir kennen ihn vor allem als finster dreinblickendes Raubtier, das in Palästen herumschleicht, so wie es seit früher Zeit in der persischen Kunst dargestellt wird. (Für meine Ohren hört sich «Persien» exotischer an als «Iran» und somit als Aufenthaltsort von Tigern passender.) Sein Verbreitungsgebiet reichte früher von der Osttürkei und der Nordgrenze von Iran und Afghanistan bis zu den Südufern des Kaspischen Meeres und des Aralsees und im Osten bis zum Balkasch-See und Kasachstan in Zentralasien, vielleicht sogar bis zur Westgrenze der Mongolei. In diesem riesigen und überwiegend trockenen Gebiet war er nur an den Seeufern und in kleinen Flußtälern zu finden – unvermeidlich auch die ersten Orte, an denen mit dem Erscheinen des Menschen die ersten Siedlungen entstanden. Deshalb nimmt man an, daß er bei seiner Ausbreitung kühner gewesen ist als die weiter südlich lebenden Tiger, daß er größere Entfernungen zurücklegte und sogar trockenes und offenes Gelände durchquerte, um Reviere ohne Menschen zu finden. In einem interessanten Hinweis aus den 1920er Jahren heißt es: «Die kleine Spezies (aus dem Südwesten Sibiriens), die kurzhaarig ist und eher undeutliche Streifen hat, trifft man vorwiegend in den sumpfigen Ebenen um den Balkasch-See im Südwesten an, obwohl er auch weiter östlich in nennenswerten Zahlen vorkommt, etwa südlich des Altai-Gebirges bis nach China.»

Im Iran wie auch anderswo stand der Tiger offiziell unter Schutz, bevor er verschwand, doch den Gesetzen wurde kaum Geltung verschafft. Obwohl «der kleine Tiger, den man im Südwesten Sibiriens findet», nur selten geschossen wurde, «legt man im Winter ... wenn sein Fell in gutem Zustand ist und [bei] chinesischen Händlern, die durch die Mandschurei Felle außer Landes schmuggeln, einen hohen Preis erzielt, an seinen bevorzugten Aufenthaltsorten vergiftete Köder aus».

Wie auch immer: Die Rasse war durch die Zerstörung der Urwälder und die Vernichtung der Hirsch- und Reharten zum Untergang verurteilt. Die Beutetiere des Tigers waren nie sehr zahlreich und wurden schon immer stark bejagt. Am Südufer des Kaspischen Meeres führte die Eindämmung der Malaria zu einer plötzlichen Zunahme der Bevölkerung, und in Kasachstan hatte die Verbrennung der dichten Schilfbestände in den Flußtälern durch Steppenbrände weite Teile des Sumpflandes zerstört, das von Rehen, Hirschen und Wildschweinen bevorzugt wurde. Ähnlich war es in Turkmenien, wo exzessive Jagd im Verein mit der Rodung der dichten *tugai*-Vegetation zugunsten der Anlage neuer Baumwollfelder in der Region des Aralsees vielleicht eine letzte fortpflanzungsfähige Population ausgelöscht hat.

1964 wurden zwei Tiger in der Nähe von Lenkoran am Südwestufer des Kaspischen Meeres in der Nähe der iranischen Grenze getötet – und es ist durchaus möglich, daß es sich um die Tiere handelte, die ein britischer Reiseschriftsteller einige Jahre später erwähnte: «In Baku war von Tigern und anderen Vertretern einer exotischen Fauna und Flora im Hinterland von Lenkoran gesprochen worden ... War es nicht hier oder hier in der Gegend gewesen ... wo Tamerlan persönlich auf die Tigerjagd ging?» Seitdem ist Baku in dem riesenhaften Geflecht von Ölfeldern und Raffinerien verschwunden und damit vielleicht auch der letzte gute Lebensraum für Tiger.

Anfang der siebziger Jahre fand ein amerikanischer Wissenschaftler, der die kaspische Küste des Iran mit Kamerafallen erkundete, Anzeichen von Leoparden, aber keinerlei Spuren von Tigern. Eine in Iran zwischen 1973 und 1976 durchgeführte Untersuchung in den Bergen kam zum gleichen Ergebnis. Heute gilt der Kaspische Tiger als ausgestorben.

✥

Bei Forschungsexpeditionen in den Jahren 1990, 1992 und 1996 besuchte ich neben Tigerreservaten in Indien und dem Fernen Osten Rußlands auch bestimmte Orte im früheren Verbreitungsgebiet des

Tigers, etwa den Baikalsee, Bali, Südkorea, das südliche Zentralchina und die entlegenen Flüsse und Sümpfe der östlichen Mongolei. Heute findet man in den meisten dieser Regionen keine Tiger mehr, obwohl es durchaus möglich ist, daß sich einige wenige Exemplare jenseits der russischen Grenze in Nordostchina und in den Bergen des nordöstlichen Nordkorea gehalten haben. Dieses einst als *Panthera tigris coreensis* oder «Koreanischer Tiger» bezeichnete Restvorkommen gilt nicht mehr als von der Amur-Rasse unterscheidbar. Schon gar nicht als «kleiner, weit dunkler und kräftiger gestreift [mit] einem kürzeren, weniger wolligen Winterfell», wie dieser Tiger im Red Data Book der Organisation über den internationalen Handel mit gefährdeten Tierarten (CITES) noch 1965 beschrieben wurde. Jener vorzüglichen Publikation zufolge, die alle als gefährdet geltenden Tierarten aufführt, haben in China geschätzte 200 *coreensis* überlebt sowie dreißig oder vierzig weitere in Nordkorea.

Zwanzig Jahre zuvor hatte Dr. Ma Yiquing, ein vor Begeisterung übersprudelnder und optimistischer chinesischer Feldbiologe, den ich bei der Kranich-Expedition am Amur kennengelernt hatte, noch geschätzt, daß 150 «Mandschurische» Tiger in den Bergen des nordöstlichen China am Leben seien, etwa achtzig davon in Heilongjiang und siebzig in Jilin. Eine solche Schätzung war selbst 1979 mit Sicherheit optimistisch, denn im folgenden Jahr reiste Maurice Hornocker, dem eine Genehmigung zur Arbeit in der Sowjetunion verweigert worden war, in die Hu-Lin-Region von Heilongjiang, weil er hoffte, mit diesen Tigern arbeiten zu können. Er mußte allerdings feststellen, daß der letzte gute Lebensraum fast vollständig verschwunden war und das, was übrig war, bei unbesonnenen Holzeinschlägen schnell dahinschwand. Tatsächlich schienen die Aussichten des Tigers im nordöstlichen China selbst damals schon so hoffnungslos, daß er sein Vorhaben aufgab und nach Hause zurückkehrte. Heute erscheint es als sehr unwahrscheinlich, daß die Gesamtzahl der letzten Exemplare von *altaica* südlich und westlich der russischen Grenze mehr als zwanzig oder dreißig betragen kann.

In Nordkorea ist die Situation keineswegs besser, wahrscheinlich noch etwas schlimmer, obwohl die Bergregion von Paektu an der

Grenze zu Jilin, die in Nord-Süd-Richtung etwa 110 Kilometer und in Ost-West-Richtung gut 80 Kilometer umfaßt, angemessene Lebensräume für Tiger aufzuweisen scheint. Ende Januar 1996 sprach ich während einer Kranich-Safari entlang der entmilitarisierten Zone zwischen Nord- und Südkorea mit dem Naturforscher Kim Sooil über Tiger. Sooil ist Umweltbiologe an der koreanischen Nationaluniversität und Berater des Umweltministeriums. Dr. Kim versicherte mir, daß sowohl Tiger als auch Leopard einst auf der ganzen koreanischen Halbinsel zahlreich gewesen seien, daß die letzte bestätigte Meldung über Tiger in Südkorea 1942 gemacht worden sei und daß man die letzten Leoparden nach dem Koreakrieg ausgerottet habe. Es gebe zwar Gerüchte, daß sich ein paar Leoparden in der stark verminten und streng bewachten entmilitarisierten Zone gehalten hätten – wo wir an den Grenzen Rehe in großer Zahl fanden –, doch niemand habe es gewagt, in diese Zone einzudringen, um sich zu vergewissern.

Dr. Kims Eltern waren in der Nähe der nordkoreanischen Hauptstadt Pjöngjang geboren, wo «das Gebirgswasser die Essenz der Ginsengwurzel enthalte». Seine Mutter hatte ihm erzählt, daß Tiger während ihrer Kindheit auf dem Land noch recht häufig gewesen seien. Als sie nach Einbruch der Dunkelheit mit ihren Eltern auf dem Gemüsekarren sitzend nach Hause gefahren sei, sei ihnen mehrmals ein Tiger gefolgt, den die Bauern verjagten, indem sie Fackeln aus brennendem Heu nach ihm geworfen hätten. Obwohl Dr. Kim der vor kurzem geäußerten Behauptung nordkoreanischer Behörden, in der Region des Berges Paektu im fernen Nordosten des Landes lebten etwa zehn Tiger, keinen Glauben schenkt, soll ein vor kurzem erstellter Bericht, der angeblich auf Felduntersuchungen und Forschungsinterviews basierte, auf einer Fläche von 3 500 Quadratkilometern der Provinz Lyangan «das Vorhandensein von Tigern in jener Region bestätigt haben ... Es sind in der Gegend genügend Spuren von Tigern gefunden worden, die den Schluß zulassen, daß eine große Zahl von Tigern diese Region bewohnt. Prüfungen haben ergeben ... daß Beutetiere in großer Fülle vorhanden sind.»

Die neue nordkoreanische Untersuchung wurde durch Igor Nikolajew und Dimitiri Pikunow vom Sibirischen Tigerprojekt gefördert.

Wie Dale Miquelle in einem Brief vom Juli 1999 bemerkte: «Vertreter des (nordkoreanischen) Geographischen Instituts beharren darauf, daß Tiger-Populationen in verschiedenen vereinzelten Habitaten leben, darunter einem ganz in der Nähe der entmilitarisierten Zone.» Dale Miquelle erklärte, er und seine Kollegen würden jede Möglichkeit nutzen, sich diese Regionen anzusehen. Ihre große Hoffnung bestehe darin, einen «ökologischen Korridor» zu finden, der die Tiger von Primorski Krai durch einen schmalen Lebensraum in China mit einer kläglichen Rest-Population in Nordkorea verbinde.

Die Koreaner sind ein Mischvolk: Im Norden herrscht der schlanke und hochgewachsene mandschurische Typ vor, im Süden der kleinere, den Japanern näherstehende mongo-malayische. Sprachlich sind sie mit den Tungusisch sprechenden Stämmen und den Mongolen verbunden und glauben wie Dersus Tungusenvölker des Amur-Einzugsgebiets an die segensreichen Aspekte des Tigers. Der Mun-Bae-Tiger, der den Haushalt vor Übeln schützt, ist eine häufig anzutreffende Ikone, nicht wild und angriffslustig wie die meisten Wächtertiere, sondern vielmehr ganz im Gegenteil ein freundliches, naives Geschöpf, das sich von Elstern und ähnlich listigen Tieren leicht hereinlegen läßt. Auch in Korea wird der Tiger als der friedliche Gefährte eines weisen alten Mannes dargestellt, des «Berggeists», dem er als geheiligter Bote von Harmonie und Frieden dient.

⊚

Der Südchinesische oder Amoy-Tiger, *Panthera tigris amoyensis*, war früher in subtropischen und gemäßigten Hochlandwäldern vom Gelben Meer bis zu den Einzugsgebieten des oberen Yangtse und des Hoangho im Westen in großer Zahl vorhanden. Er soll kleiner und dunkler als *altaica* und auf der Bauchseite nicht so weiß sein wie dieser. Noch in den 1940er und frühen 1950er Jahren, bevor die Rodung von Wäldern zugunsten der Landwirtschaft den größten Teil seines Lebensraums vernichtete und die «Tiger-Ernte» für die Regierung in Gebirgsregionen zu einer bedeutsamen Einkommensquelle wurde, schätzten die Chinesen die Tiger-Population auf etwa 4000 Tiere. Der anhaltende Verlust von Habitaten an die menschliche Besiedlung im Verein mit einem leichteren Zugang zu Feuerwaffen führte jedoch zu einem traurigen Rückgang der Beutetiere des Tigers, eine Situation, der hier wie anderswo Berichte über immer mehr Tiger-Opfer bei Vieh und Menschen folgten. 1959 wurde der Tiger unter Mao Tse-tung offiziell als Feind des Menschen verdammt, und die Regierung setzte Belohnungen auf Vernichtungskampagnen gegen dieses «Ungeziefer» aus und intensivierte die Tigerjagd, und zwar nicht nur um der Felle willen, sondern wegen des zunehmenden Markts für Tigerknochen, Blut und Organe, die in der traditionellen chinesischen Volksmedizin verwendet wurden. Anfang der 1960er Jahre war der Bestand an *amoyensis* auf geschätzte 1000 Tiere gesunken, und ein Jahrzehnt später mußten selbst die Chinesen zugeben, daß «der Tiger in China jetzt äußerst selten ist» und daß «der Chinesische Tiger in kurzer Zeit ausgestorben sein wird», wenn nicht ernsthafte Bemühungen zu seinem Schutz unternommen würden.

Obwohl Tiger gelegentlich aus ländlichen Regionen des östlichen, zentralen und südlichen China und weiter westlich an den Flußtälern bis zu den Provinzen Sechuan und Kansu gemeldet wurden, war das Verbreitungsgebiet des Tigers im wesentlichen jetzt auf drei isolierte Regionen Südchinas beschränkt. Zwei dieser Regionen lagen in der Provinz Jiangxi südlich des Yangtse. Im Winter 1993, als ich von Hongkong nach Nanchang reiste, flog ich in geringer Höhe und bei klarem Wetter sowohl in nördlicher als auch in südlicher Richtung über diese Provinz hinweg, was mir einen ungehinderten Blick auf die geschundene Landschaft aus niedrigen und auf allen Seiten übel zugerichteten Bergen erlaubte. Ich fuhr auch mit dem Wagen fünf Stunden nach Norden und Osten über Land, nämlich von Nanchang zu den Poyang-Seen. Dem verblüffenden Umfang der Landschaftszerstörung durch den Menschen nach zu urteilen, die von der Straße genausogut zu sehen ist wie aus der Luft, waren die letzten Zufluchtsmöglichkeiten des Tigers in Jiangxi stark gefährdet, um es zurückhaltend auszudrücken.

Offiziell überleben heute noch immer einhundert Exemplare der Art *Panthera tigris amoyensis* in der Wildnis, aber nach den Zuständen in Jiangxi zu schließen, konnte ich mir kaum vorstellen, daß mehr als zwanzig oder dreißig Tiere übrig waren, und selbst diese Zahl erschien mir optimistisch, da in jüngster Zeit niemand gemeldet hat, einen Tiger gesichtet zu haben. In einem Brief vom April 1996 bemerkte der Tiger-Experte Dr. John Seidensticker, Kurator der Säugetierabteilung von Washingtons National-Zoo: «Ich habe ebenfalls Mühe zu glauben, daß es auch nur zwanzig *amoyensis* gibt.» Gegenwärtig sollen etwa fünfzig Exemplare in chinesischen Zoos überleben, und theoretisch könnten diese Tiere als genetischer Kern für die Wiederauferstehung des Chinesischen Tigers dienen, aber es scheint wahrscheinlicher zu sein, daß diese Art die vierte sein wird, die zu meinen Lebzeiten verschwindet, falls sie nicht schon längst ausgestorben ist.

◈

Als jüngste Unterart wurde von den Systematikern der Indochinesische Tiger anerkannt, *Panthera tigris corbetti*, dessen Existenz 1968 begann (zumindest auf dem Papier) oder etwa um die Zeit, in der *Panthera tigris coreensis* von der Liste gestrichen wurde. Der Indochinesische Tiger soll eine tiefere Grundfarbe besitzen mit zahlreichen recht kurzen und schmalen Streifen.

Diese Population ist über ganz Südostasien verstreut, vom östlichen Myanmar (dem früheren Birma) durch das frühere Indochina – Thailand, Laos, Vietnam, Kambodscha und Malaysia. Gelegentlich wandern Einzeltiere in den Süden Chinas ein. Dieser Tiger soll etwas kleiner sein als *amoyensis*, mit dem er sich an den Grenzen von Laos und Myanmar vielleicht gekreuzt hat. Somit hat er vielleicht dazu beigetragen, eine genetische Abweichung zu den weiter südlich beheimateten Tieren aufrechtzuerhalten, die durch ein dunkleres Haarkleid und engere Streifen gekennzeichnet ist.

Dr. Alan Rabinowitz von WCS jedoch, der *Panthera tigris corbetti* und dessen Verbreitung seit 1993 beobachtet, sagt, es würde schwerfallen, einen «reinblütigen» *corbetti* zu finden, selbst wenn ein solches Geschöpf existiere; allen Messungen zufolge, die er in den Berichten von Jägern und anderen Quellen hat auffinden können, die er aus ganz Südostasien zusammengetragen hat, kann er keinerlei glaubwürdige Belege dafür finden, daß diese Art sich auch nur geringfügig vom Indischen Tiger unterscheidet. «Die Körpergrößen sind sowohl bei den männlichen wie den weiblichen Tieren genau gleich, sogar die

Größen der Tatzen und der Fußspuren stimmen überein; es gibt nur einen Unterschied, den man herauslesen könnte – *corbetti* ist vielleicht ein klein wenig schlanker!»

Schätzungen des Bestands an *corbetti* reichen von 1400 bis zu mehr als 2000 Exemplaren, aber wegen der riesigen und nur wenig bekannten Wälder in seinem vom Krieg heimgesuchten Verbreitungsgebiet ist sein gegenwärtiger Zustand weniger klar als der anderer Tiger-Populationen; tatsächlich herrscht sogar ein beklagenswerter Mangel gesicherter Daten aus allen Ländern des früheren Indochina. Ein Autor vermutet, daß die Zahlen durch Nahrung in Gestalt von Kriegstoten gestiegen sein können, und zitiert «einen Vietnam-Veteran namens Major A. D. Ackels. Dieser hat berichtet, man habe Tiger dabei beobachtet, wie sie sich über Leichen hergemacht hätten. Überdies hätten sie gelegentlich Soldaten angegriffen.» (Alle Großkatzen mit Ausnahme des Geparden, der nur einmal von einem erlegten Beutetier frißt, nehmen gelegentlich Zuflucht zu Aas.) Selbst unter der Voraussetzung, daß solche Berichte den Tatsachen entsprechen, wurde jeder Ernährungsnutzen für die Tiger schon vor langer Zeit durch das chronische Versagen der Behörden aufgehoben, denen es nicht gelungen ist, alle wildlebenden Tiere zu schützen, denen durch die Jagd, durch Schlingen und Fallen nachgestellt wird. Das führt selbst dort zu sehr geringen Beständen an Beutetieren, wo es noch unberührte Wälder gibt. Die lokalen Bewohner haben bei der Forstverwaltung keinerlei Mitspracherecht. Der Wildschutz bringt ihnen auch keinen Nutzen, da er ihnen lediglich eine traditionelle Proteinquelle nimmt.

In Myanmar, wo 45 Prozent des Landes immer noch bewaldet sind, steht gegenwärtig kaum ein Prozent der Tiere unter Schutz. Der Alaungdaw-Kathapa-Nationalpark, das größte Reservat des ehemaligen Birma, birgt angeblich den Indischen Elefanten, den Himalayabären, den Malayenbären und den Irbis, aber in fast allen diesen Ländern werden die Naturschutzgesetze kaum angewandt, wenn es überhaupt welche gibt. Selbst wenn chronische Bürgerkriege die Waldhüter noch nicht aus den Wäldern verjagt haben, sind sie nicht befugt, Wilderer festzunehmen. Myanmar leidet nicht nur unter einer brutalen Militärdiktatur und bürgerkriegsähnlichen Unruhen, Umweltkatastrophen, Isolation und grausamer Armut, sondern wird überdies von Wilderern und Schmugglern heimgesucht. Seine wertvollen Teakwälder werden illegal abgeholzt. Rabinowitz zufolge, der dort seit 1993 Untersuchungen gemacht hat, könnte die größte Hoffnung des Tigers der Hkakaborazi-National-Park sein, ein 2300 Quadratkilometer großes Gebiet im äußersten Norden, in Kachin.

Das im Herzen des Verbreitungsgebiets von *Panthera tigris corbetti* gelegene Thailand ist der einzige Staat des früheren Indochina, in dem tatsächlich geforscht worden ist. Im neunzehnten Jahrhundert war Thailand noch für seine zahlreichen Tiger bekannt, und noch Ende der 1950er Jahre war ihre Zahl ansehnlich; kurz danach tauchten Hunderte von Tigerfellen in den Touristenläden von Bangkok auf. Seitdem sind die Wälder des Landes um mehr als 70 Prozent kleiner geworden. Heute ist Thailand kein wichtiger Exporteur von Tropenholz mehr, sondern muß vielmehr selbst importieren. Die einzigen fast unberührten Wälder, die noch übrig sind, liegen in den Nationalparks und den Wildreservaten, aber selbst diese werden von verschiedenen Regierungsbehörden verwaltet, was immer wieder zu Kompetenzüberschneidungen und Streitigkeiten führt.

1972 schließlich wurde der Tiger unter Schutz gestellt. Der Handel mit lebenden Tieren und Tigerprodukten wurde verboten. In den Schutzgebieten liegen jedoch große Dörfer, was zu der üblichen Waldvernichtung durch Feuer, Straßenbau, Holzeinschläge, Militärmanöver und Rodungen für die Landwirtschaft führt. Dämme und Wasserreservoire haben weite Gebiete der Flußlandschaften zerstört, die sowohl der Tiger als auch seine Beutetiere bevorzugen, und in diesen Regionen sind Rot- und Damwild sowie Rehe und Wildschweine so gut wie verschwunden. In ganz Thailand fehlt es an Feldpersonal, die finanzielle Ausstattung ist dürftig, und Naturschutz gibt es so gut wie überhaupt nicht. Die schlechtbezahlten Wildhüter werden durch bestens bewaffnete Wilderer und sogar die Bewohner der Schutzgebiete gefährdet, die sie als Gegner ansehen, die es nur darauf abgesehen haben, die traditionellen «Ernten» im Wald zu verhindern.

Wie der Zoologe George Schaller von WCS gesagt hat, haben die Bewohner der Region «vom Berggipfel bis hinunter ins Tal» Schlingen gelegt, und Dr. Rabinowitz gibt ihm recht. «Die Leute rotten buchstäblich alles aus – Aristoteleshirsch, Muntjak, auch Bellhirsch genannt, selbst junge Elefanten. Die Wälder sehen zwar gut aus, doch es gibt in ihnen keine Tiger mehr, weil es nichts mehr zu fressen gibt. In diesen Ländern ist es nicht der Tiger, der direkt getötet wird, sondern seine Beute.»

Andererseits besitzt Thailand im Gegensatz zu allen anderen Tigerstaaten in Südostasien ein System von Schutzgebieten, für die auch Personal und Geldmittel vorhanden sind. Dort stehen die meisten Tiger des Landes schon unter Schutz. 1995 rief das Königliche Forstministerium ein Wiederherstellungsprojekt für den Tiger ins Leben. Es begann mit einer Studie von Standorten, Größe und Isolationsgrad in einer Gruppe verwandter Tigerpopulationen. Weiter wurden das Angebot an Beutetieren studiert, die Lebensbedingungen im Habitat, die Auswirkungen der Nähe zum Menschen sowie weitere Faktoren. Überdies grenzen viele Parks und Schutzgebiete in einer einzigen ökologischen und Verwaltungseinheit aneinander; die größte davon ist der westliche Waldkomplex, zu dem auch das Weltnaturerbe von Huai Kha Khaeng/Thung Yai gehört – zwölf Naturparks und Schutzgebiete in einer Einheit von rund 10 000 Quadratkilometern, die etwa 180 reproduktionsfähigen Tigern genügend Lebensraum bieten sollen. Hinzu kommt – da dieser Waldkomplex zusammen mit vier weiteren Tigerregionen an zusätzliche weitläufige Tiger-Habitate in Myanmar, Kambodscha und Malaysia angrenzt –, daß «die grenzüberschreitenden Tigerpopulationen an der Grenze mit Myanmar eine Möglichkeit bieten, die Tigerbestände in dem größten natürlichen Ökosystem im Festlandteil von Süd- und Südostasien zu erhalten.» Die größten Tigerpopulationen in Thailand und anderswo finden sich häufig in Grenzregionen – das ist nicht überraschend, wenn man bedenkt, daß natürliche Barrieren wie etwa Flußsysteme und Bergketten oft unbesiedelte Wildnis sind –, und damit gibt es wichtige Möglichkeiten zu internationalen Reservaten und Naturparks. Die sechs größten Tigerpopulationen umfassen drei Viertel aller in Thailand lebenden Tiere, deren Zahl gegenwärtig auf 500 geschätzt wird.

Laos und Kambodscha sind arme Länder, in denen weite Teile ihrer Wälder noch vorhanden sind, aber es gibt nur wenige Wildreservate, und so etwas wie Naturschutz ist praktisch unbekannt. Wie Myanmar haben es diese Staaten versäumt, von CITES ausgesprochene Empfehlungen zu unterstützen, und erst 1989 wurde den Tigern von Laos gesetzlicher Schutz zuteil. Dies ist ihnen nicht sehr gut bekommen, dem offenen Verkauf von Tigerteilen in der Hauptstadt Vientiane nach zu urteilen.

Wegen der endlosen Bürgerkriege ist über die Gebirgswälder an den Grenzen dieser südostasiatischen Länder nur wenig bekannt. Die Entdeckung mehrerer großer Säugetiere in den letzten Jahren, etwa des seltenen Kouprey, einer Wildrindart, haben die Hoffnungen auf unentdeckte Tigerpopulationen geweckt. Im April 1999 erschien in der Londoner *Sunday Times* ein Bericht aus Kambodscha, in dem es hieß, «eine umfassende Untersuchung» habe enthüllt, daß vielleicht 700 Tiger in einer entlegenen Region an der Nordgrenze lebten, in der man zuvor nur etwa 200 Tiere vermutet habe. Aus dem Bericht ging jedoch nicht hervor, ob diese paradiesische Region das Virachey-Reservat an der Grenze von Laos und Vietnam war oder nicht. Dieses Reservat liegt im Herzen eines riesigen und unberührten tropischen Walds von rund 50000 Quadratkilometer Größe (was etwa der Größe des US-Bundesstaats Maine entspricht). «Trotz dreißig Jahren Dschungelkrieges und des Drucks durch Soldaten und Dorfbewohner, die Landminen einsetzen, um die Tiere zu töten», hieß es in dem Artikel, «haben es die gefährdeten Tiger geschafft, sich in Dschungelgebieten fortzupflanzen, in denen der Krieg dafür gesorgt hat, daß alle Entwicklung stillstand.»

Da durch die Auflösung der Roten Khmer die allgegenwärtige Bedrohung durch Landminen sich verringert habe, hieß es weiter, «sind viele entlegene Dschungelregionen zum ersten Mal zugänglich geworden». Diese gute Nachricht ist jedoch voreilig, da sie nicht durch Fakten belegt wird. Das Habitat scheint zwar intakt zu sein, aber ob genügend Huftiere dort leben, um 700 Tiger ernähren zu können, ist eine andere Frage.

☙

Auf der Halbinsel Malakka gilt der größte Teil des verbliebenen Dschungels als «Waldreservat», was in der Praxis wohl «für den Holzeinschlag reserviert» heißt. Wie anderswo auch wird so getan, als folge man den Empfehlungen von CITES und des Internationalen Naturschutzbundes (IUCN), aber was tatsächlich geschieht, ist nicht der Rede wert. Die meisten Reservate stehen der Ausbeutung und der Besiedlung durch Menschen weit offen, und es gibt keinerlei Kontrolle von Feuerwaffen. Wahrscheinlich huldigen die dort lebenden Menschen dem traditionellen Glauben, daß der Geist des Tigers sich noch lange nach dessen Verschwinden halten wird; wie es in einem alten malayischen Sprichwort heißt: «Der Tiger stirbt, aber seine Streifen bleiben.»

Früher wurden die Tiger selbst von denen nur selten gejagt, die dafür ausgerüstet waren, nämlich aufgrund des in ganz Südostasien und auf den Inseln verbreiteten animistischen Glaubens, daß alle Geschöpfe Seelen hätten und daß Mensch und Tiger Seelenbrüder seien. Die Idee der Seelenwanderung war ebenfalls allgegenwärtig, und Tiger-Geister, Wer-Tiger und Tiger-Schamanen (ähnlich den Leoparden-Schamanen in Westafrika und den Jaguar-Schamanen des Amazonasbeckens) sorgten dafür, daß dieses sich immer wieder neu wandelnde Geschöpf ebenso gefürchtet wie verehrt wurde. Der Gebrauch seines Namens war ein Zeichen mangelnder Achtung und wurde allgemein vermieden: Man nannte den Tiger «den Gestreiften» (oder bei den Moi in Vietnam «den Herrn»). Er tötete nur Dorfbewohner, die gegen ein Tabu verstoßen hatten, denn sonst konnte der Tiger selbst getötet werden. 1974 brachte ein Tiger in einem Dorf im Norden Burmas vierundzwanzig Menschen um; nachdem Soldaten das Tier getötet hatten, versammelten sich die Männer des Stamms der Lisu um den Kopf des toten Tigers, sangen ein Gebet des Bedauerns und schlossen mit der flehentlichen Bitte, der Tiger möge in Frieden ruhen.

Weiter südlich auf der Halbinsel werden die Tiger immer kleiner und dunkler, und das so sehr, daß die südöstlich des Isthmus von Kra lebenden Menschen sich eher den Insel-Tigern verbunden fühlen, die vor langer Zeit eine freiliegende oder viel schmalere Malakkastraße überqueren, um die gebirgigen westlichen Inseln Indonesiens zu besiedeln wie etwa Sumatra. (Das ursprüngliche Tiger-Habitat waren vielleicht die großen Sümpfe, die sich einst zwischen den Inseln bildeten.) Hier war der Tiger in einer Tropenwaldgemeinschaft, in der Landtiere wie etwa Hirsche im Vergleich mit den auf Bäumen lebenden Tieren eher selten waren, das größte Raubtier. Für diesen Lebensraum war der Leopard jedoch weit besser gerüstet. Das Verschwinden des Tigers aus dem nahen Borneo – einer sehr großen Insel mit viel Lebensraum für Tiger – ist zum Teil vielleicht auf das Fehlen von Hirschen zurückzuführen, die erst vor relativ kurzer Zeit vom Menschen dort angesiedelt wurden.

Das vom Äquator durchschnittene Sumatra ist die sechstgrößte Insel der Erde mit Bergen und Vulkanen, Küstenebenen, Flüssen, Sümpfen, Dschungeln und Mangrovenwäldern. Noch vor wenigen Jahren wußte man wegen der entlegenen, riesigen und so gut wie undurchdringlichen Dschungelgebiete nur wenig über seine Tiger, doch 1940 war die Insel schon der drittgrößte Kautschuklieferant der Welt. Die unfruchtbaren Böden verlangsamten die landwirtschaftliche Erschließung bis nach dem Zweiten Weltkrieg, aber seitdem ist die Umwandlung von Waldgebieten, die von den träge dahinfließenden Dschungelflüssen aus leicht zugänglich sind, durch Kautschuk- und Ölpalmen-Plantagen, Holzeinschlag-Konzessionen und Ölfelder stark ausgeweitet worden. Die Zersplitterung der Lebensräume des Tigers war schon recht weit fortgeschritten, und die großen Reservate, die tatsächlich geschont wurden, lagen hauptsächlich in Gebirgsregenwäldern im Norden und Südwesten, also nicht in dem hauptsächlichen Verbreitungsgebiet des Tigers. Daß diese Regionen zu den letzten Lebensräumen in Asien gehörten, die immer noch entlegen genug waren, um die Menschen von einer Besiedlung abzuhalten, war ihr größter Vorzug.

Der Sumatra-Tiger war auf einer rund tausend Kilometer langen und 300 Kilometer breiten Insel recht gleichmäßig verteilt – dieser Lebensraum ist fast so groß wie das verbleibende Verbreitungsgebiet des Amur-Tigers, wenn man davon absieht, daß das Territorium auf

Sumatra in sieben Abschnitte unterteilt ist, während der Lebensraum von *Panthera tigris altaica* so gut wie zusammenhängend ist. Obwohl bekannt ist, daß die Bestände des *Panthera tigris sumatrae* in den vergangenen Jahrzehnten abgenommen haben, war die Art erst nach dem Zweiten Weltkrieg ernsthaft gefährdet, als der Handel mit Tigerteilen zu dem sich beschleunigenden Verlust an Lebensraum sowie anderen Faktoren hinzukam. Wie in Thailand kam es in Mode, den Tiger seines Fells wegen zu jagen; offiziell gehören zu den registrierten Tiger-Überresten 600 ausgestopfte Exemplare in Ämtern, Behörden und Privathäusern. Hinzu kommen die vielen hundert Felle, die exportiert worden sind.

In Indonesien glauben die Muslime, Allah habe den Tiger mit der Macht ausgestattet, die Gläubigen zu schützen und jeden zu bestrafen, der die Gesetze des Islam zu übertreten wage. «Da sie fürchten, [daß] der Tiger ein Geist sei, den Allah gesandt habe, um sie zu bestrafen», wie ein javanischer Schriftsteller bemerkte, «fühlen sich die Dorfbewohner durch ihren verzweifelten Überlebenswillen dazu getrieben, ihr Gewissen von tief vergrabenen Geheimnissen und vergangenen Missetaten zu reinigen.» Andererseits kann ein frommer Muslim so vergnügt auf einem Tiger reiten wie der taoistische Weise Chang Tao-ling bei seinem Streben nach Erleuchtung, wie die Göttin Durga in den Kulturen des Indus-Tals oder der buddhistische Urahn Manjusri. Aber hier wie anderswo waren die alten Sitten und Gebräuche im Aussterben begriffen, und eine neue Generation, die schnell die Wertvorstellungen des Westens annahm, hatte keinerlei Bedenken, Tiger zu töten und Felle sowie Tigerteile an chinesische Mittelsmänner zu verkaufen. In Singapur konnte ein schön gefärbtes Fell 2000 Dollar einbringen.

Da der Rückgang der Tigerbestände überall offenkundig wurde, stieg die Nachfrage nach Tigerteilen schnell, besonders in den wohlhabenden Pazifik-Staaten, die sich selbst die «Asiatischen Tiger» nannten. Zwischen 1975 und 1992 wurden allein von Südkorea 7500 Pfund getrocknete Tigerknochen aus Indonesien – in Wahrheit aus Sumatra und von der Halbinsel Malakka – importiert, eine Menge, die geschätzten 338 bis 620 Tigern entspricht. Zwischen 1991 und

1993, als der Tiger schon am Verschwinden war, importierte Südkorea mehr als 900 Pfund Knochen oder etwa zwanzig Tiger pro Jahr. Eine Untersuchung der Jahre 1972 bis 1975 war zu dem Ergebnis gekommen, daß auf Sumatra annähernd tausend Tiger lebten, obwohl es für eine zuverlässige Schätzung keine realistische Grundlage gegeben zu haben scheint. Jedenfalls waren innerhalb weniger Jahre die Verwüstungen offenkundig geworden, die Wilderer angerichtet hatten. Zunächst nahm man an, daß insgesamt 400 Tiere die fünf Hauptreservate bewohnten. Man vermutete, daß weitere hundert Exemplare den nachwachsenden Wald, Grasland und die Randgebiete von Plantagen durchstreiften. In dem größten der Reservate, Gunung Lauser, einem Komplex von gut 5100 Quadratkilometern in den Bergen des Nordens, sollten angeblich zwanzig bis einhundert Tiger leben.

Diese Zahlen, die viel zu rund sind, um verläßlich zu sein, können nicht viel mehr sein als reine Schätzungen. Bei einem Naturschutz-Workshop im Jahre 1992 «wurden rund fünfunddreißig indonesische Forst- und Naturschutzbeauftragte der Naturparks und Schutzgebiete auf Sumatra – die Mehrheit der Tiger-Experten Sumatras – gefragt, wie viele von ihnen je einen Tiger zu Gesicht bekommen hätten. Vier Männer hoben die Hand. Wie viele hatten Tigerspuren gesehen? Vielleicht die Hälfte von ihnen. Wie viele davon hatten zehnmal oder öfter Spuren gesehen? Die Hälfte der Männer nahm die Hände herunter.» Da Tiger meist auf Pfaden und unbefestigten Straßen wandern, wo ihre kräftigen Fußspuren deutlich zu sehen sind, war diese Umfrage noch bedenklicher, als sie schon auf den ersten Blick zu sein schien.

Der Sumatra-Tiger war wie alle anderen dabei, dem Habitat-Verlust, der Zersplitterung seiner Lebensräume und einer schwindenden Ernährungsgrundlage zum Opfer zu fallen, eine Notlage, die durch die allgegenwärtige Bedrohung durch eine Huftierkrankheit, welche die Bestände des kleinen Sumatra-Hirschs dezimieren konnte, noch verschärft wurde; die Huftiere als Hauptnahrungsquelle waren inzwischen um einen Primaten ergänzt worden, den Schweinsaffen, da der anpassungsfähige Tiger fast alles frißt, was er erbeuten kann. Zunehmende Raubzüge unter den Viehbeständen führten zu verhängnisvollen Begegnungen mit einem anderen Primaten, dem *Homo sapiens*. 1979 wurde in einem Polizeibericht aus der Provinz die erstaunliche Nachricht festgehalten, daß mehr Menschen – dreißig – durch Tiger getötet worden waren als durch Angehörige der eigenen Art. Im allgemeinen sind Angriffe von Tigern auf Menschen und ihr Vieh auf Sumatra relativ selten gewesen – ein Todesfall in den vergangenen zehn Jahren in der Nähe des Way-Kambas-Nationalparks im südöstlichen Sumatra, und das bei einer Bevölkerung von einer halben Million Menschen in den nahegelegenen Dörfern (etwas weniger als die durch Autos und Giftschlangen verursachten Todesfälle), aber solche Zwischenfälle haben in mehreren Regionen zugenommen. So hat es allein in den Jahren 1996 und 1997 mindestens acht Todesfälle gegeben.

Als wären Verlust von Lebensraum und Beutetieren nicht genug, wird *Panthera tigris sumatrae* von der Schwierigkeit bedrängt, in einer kleinen, über die ganze Insel spärlich verstreuten Population Geschlechtspartner zu finden. Weil die lokalen Populationen so klein und isoliert sind, sind sie nicht nur durch Waffen, Fallen und vergiftete Köder bedroht, sondern auch durch Inzucht. Mehrere Jahre lang wurde am Waldrand des Gunung-Lauser-Parks in starkem Maße Gift eingesetzt. Einer der schlimmsten Wilderer behauptete, er persönlich habe zwischen 1986 und 1994 nicht weniger als fünfzig Tiger getötet.

1991, bei einem Treffen der Katzen-Experten der IUCN (der gegenwärtig fast alle der in diesem Buch genannten Tiger-Experten angehören), hieß es über den Sumatra-Tiger, er befinde sich in einer «kritischen» Lage; ein danach veröffentlichter Bericht kam zu dem Schluß, daß «es im Jahr 2000 keine Tiger oder keine Wildnis mehr geben wird, die man schützen kann», wenn auf Sumatra auch weiterhin keine ernsthaften Schutzmaßnahmen getroffen würden. Andererseits hieß es in einem Feldbericht von 1997, daß die Tiger in Way Kambas «zu gedeihen schienen», obwohl nur sieben seiner mehr als sechzig Forstbeamten je einen Tiger gesehen hatten. Da Way Kambas klein ist – was die Gefährdung von Tigern und Beutetieren durch Jäger nur noch erhöht –, läßt sich dieser Optimismus zum Teil dem vorzüglichen und hingebungsvoll arbeitenden Personal des

Parks zuschreiben, was in Südostasien ein höchst ungewöhnlicher Aktivposten ist.

Am Ende jedoch wird wohl das langfristige Überleben der Art *sumatrae* durch die 180 Millionen Menschen zählende Bevölkerung der Insel am stärksten bedroht sein, denn sie hat das Potential, sich exponentiell zu vermehren und hat in einem einzigen Jahrhundert von sechs auf 360 Millionen zugenommen. Und alle diese neuen Menschen haben natürlich den Drang nach einem höheren Lebensstandard, der Sumatras Umwelt nur noch weiter erschöpfen kann.

Nach Ansicht John Seidenstickers, der in seinen Feldstudien Erfahrungen über die Art *sumatrae* gesammelt hat, müsse man besondere Aufmerksamkeit auf ein oder zwei große, vielversprechende Reservate richten, in der die Tiger und ihre Beutetiere vor dem alles bedrohenden Druck der Spezies Mensch geschützt werden können. Die größte Hoffnung für die Tiger, so glaubt er, liege in der Mitte der Insel auf Schwemmland, den sogenannten Rumpfebenen, die sich wie Finger in die großen Sümpfe erstreckten; es sei dringend erforderlich, daß ein Teil dieser Region für den Naturschutz reserviert werde, bevor der Prozeß der wirtschaftlichen Erschließung unumkehrbar geworden sei. Noch leben in den bedrohten Wäldern, denen Menschen immer stärker zusetzen, mehr Wildschweine und Hirsche als in vielen Reservaten, die oft nur marginalen Lebensraum mit einer geringen Dichte an Beutetieren bieten. Way Kambas ist mindestens dreimal beschnitten worden und ist auf drei Seiten von dichter menschlicher Besiedlung umgeben. Gleichwohl birgt das Reservat eine ansehnliche Population von großen Tieren, darunter die vielleicht letzten Sumatra-Nashörner. Da die letzten Tiger auf der Insel so weit verstreut leben, muß die Forstverwaltung, die ein großes Gebiet zu überwachen hat, dafür sorgen, daß Huftiere in genügender Dichte da sind, damit Tigerinnen für ihre Jungen genügend Nahrung finden können, ohne den Wurf während einer Jagd allzu lange verlassen zu müssen. Was um jeden Preis vermieden werden muß, so Dr. Seidensticker, ist die bruchstückhafte Verwaltung von Tiger-Ländereien infolge von Kompetenzüberschneidungen verschiedener Behörden; außerdem tritt er dafür ein, Lebensunterhalt, sozialen Status und Mitspracherecht der

Hirten und Bauern der Region zu sichern, die in der Nähe der Reservate leben. Er meint, sie müßten davon überzeugt werden, daß Maßnahmen zum Schutz des Tigers irgendwann auch den Nachbarn der Tiger zugute kämen. Ohne die Unterstützung dieser Menschen, darunter auch der Jäger und Wilderer, seien noch die hingebungsvollsten Bemühungen zum Schutz des Sumatratigers zum Scheitern verurteilt.

൭൭

Auf Java sagt man, der Tiger habe ein so feines Gehör, daß Jäger sich die Nasenhaare schneiden müßten, damit der Tiger ihren Atem nicht durch die Nasenlöcher pfeifen höre; ebenso ist gängige Meinung, daß der Tiger über übernatürliche Kräfte verfügte. Zu der Zeit, als man Tiger gegen Banteng-Bullen mit ihren bist zu siebzig Zentimeter langen Hörnern hetzte, um den holländischen Kolonialherren und anderen Europäern einen Nervenkitzel zu bieten, entging der Banteng dem Tod meist wegen seiner schieren Körpermasse und Hartnäckigkeit, aber gleichwohl konnte der Tiger ihn überwältigen. Wenn er von hinten an ihn heransprang und das große Tier an der Kehle packte, dann die Beine anspannte und den Kopf seiner Beute zur Seite und nach hinten bog, kippte der Stier schon wegen der Wucht seiner Bewegung um. Obwohl der Tiger seine Opfer nicht immer töten konnte, war er doch in der Lage, ein Tier von 1650 Pfund Gewicht von den Beinen zu holen, mindestens sechsmal das Körpergewicht von *Panthera tigris sondaica*.

In Java lautet das Wort für Tiger *macan* (Sanskrit) oder *hariman* (malaiisch). Solche Bezeichnungen werden jedoch außerhalb des Dorfs, im Reich des Tigers, nicht verwendet; im Dschungel heißt er *nenek*, was so etwas wie «Großvater» oder «Alter Mann aus dem Wald» bedeutet, ähnlich dem Schutzgeist in der Kultur der Tungusen und Mandschu. Doch trotz ihrer spirituellen Bedeutung wurden die einst so zahlreichen Java-Tiger, so unverkennbar mit ihren zahlreichen dünnen Streifen, während des neunzehnten und Anfang des zwanzigsten Jahrhunderts als Geißel der Landwirtschaft mit Kopfprämien verfolgt, vergiftet und getötet (ebenso wie später ihre Hauptbeute, das Wildschwein). Erst in den 1920er und 1930er Jahren wurde ein System von Reservaten zu ihrem Schutz geschaffen. Inzwischen waren aus dem größten Teil des Monsunwaldes Teak-, Kautschuk- und Baumwollplantagen geworden (die als Lebensraum wildlebender Tiere sämtlich verkümmert und ungeeignet waren). Die Bevölkerungszahl Javas war schon auf 42 Millionen angewachsen, und heute wimmeln auf der Insel 84 Millionen Menschen, womit sie mit einem anderen Tigerland wetteifern, nämlich Bangladesch, einem der am dichtesten bevölkerten Länder der Erde. Eine so starke Bevölkerungszunahme hat im Verein mit der Vernichtung der Wälder die Art *sondaica* zum Untergang verurteilt. Die wenigen in indonesischen Zoos und dem Berliner Zoo gehaltenen Tiere verschwanden während des Zweiten Weltkriegs, und Nachkommen von ihnen scheinen nicht überlebt zu haben. Nach dem Krieg waren wilde Exemplare von *sondaica* selten; für die Zoos der Welt war es leichter, Sumatra-Tiger zu erwerben.

1945 war *Panthera tigris sondaica* so gut wie verschwunden und allenfalls in den entlegensten Teilen der Insel noch zu finden. Die Jagd und Vergiftung durch erboste Hirten im Ujung-Kulon-Reservat im Westen und dessen Umgebung hatten die Zahl der Tiger bedauerlich stark reduziert, auch hatte die infolge von Krankheiten abnehmende Zahl einer lebenswichtigen Beutetierart, des Rusahirschs, dazu beigetragen. Hauptursache des Aussterbens war jedoch der Verlust von Lebensraum, was den Tiger irgendwann auf kleine, isolierte Reservate beschränkte, die nicht länger durch große Waldgebiete geschützt wurden. Als es Mitte der sechziger Jahre auf der ganzen Insel zu Unruhen kam, überlebte *sondaica* in nur drei dieser Reservate, die auch bewaffneten Gruppen hungriger Rebellen Zuflucht boten. Noch 1968 überlebten mindestens zwölf Tiger in Ujong Kulon, doch obwohl dort kaum Menschen lebten, waren diese Tiger keine zehn Jahre später verschwunden. Was Meru-Betiri angeht, einen unzugänglichen Gebirgsregenwald, der an der Südostküste zum Indischen Ozean hin abfällt, war dieses Gebiet zu der Zeit, als es in den siebziger Jahren geschützt wurde, «im wesentlichen eine von verschiedenen Formen der landwirtschaftlichen Bewirtschaftung und Plantagen umzingelte und beeinträchtigte Insel». Gebirgsregenwälder bieten für dichte Populationen von Huftieren keine Lebensgrundlage. Ufernahe Wälder und Grasland wären in Java das optimale Habitat des Tigers gewesen. So war es unvermeidlich, daß sich die Zukunftsaussichten des Tigers durch eine geringe Biomasse an Beutetieren und eine hohe jahreszeitliche Schwankung bei der Zahl dieser Tiere weiter verschlechterten.

«Meru-Betiri und der Java-Tiger», sagte der Kriegsheld Julius Tahija zugunsten des Tigers zu Präsident Suharto, «sind ein Teil von Indonesiens nationalem Erbe, so wie die Tempel von Borobudur und Prambana unser kulturelles Erbe darstellen. Diese Monumente sind einzigartig und können nicht ersetzt werden, sollten sie einmal zerstört sein. Folglich dürfte niemand ihre Beseitigung vorschlagen, etwa zugunsten des Baus einer Zementfabrik, eines Wohnblocks oder irgendeiner anderen Baumaßnahme. Aber lebende Naturdenkmäler wie etwa der Tiger sind in ähnlicher Weise sowohl einzigartig als auch ein unersetzlicher Teil nicht nur unseres nationalen Erbes, sondern des Erbes der Menschheit insgesamt.»

1979 schlug Suharto die Umsiedlung von 5000 Menschen von den Kautschukplantagen am Rand von Meru-Betiri vor, um den Schutz der letzten vier Tiger des Reservats zu fördern; da diese fabelhafte Idee viel zu spät kam, scheint es keine Rolle zu spielen, daß sie abgelehnt wurde. Das Schicksal dieser vier letzten Exemplare von *sondaica* ist unbekannt. John Seidensticker machte 1976 in Meru-Betiri Fährten von mindestens drei Exemplaren ausfindig, und ein dem World Wildlife Fund in Indonesien nahestehender Mann fand 1979 noch eine einzelne Fährte. Eine intensive Untersuchung durch den WWF im Oktober dieses Jahres förderte jedoch nichts mehr zutage, «und somit zeigten all ihre Kamerafallen nichts weiter als Leoparden.» Ich glaube also, daß man das Aussterben von *Panthera tigris sondaica* auf das Jahr 1979 festlegen kann.

※

Die für die Großen Sunda-Inseln typische feuchte Regenwaldvegetation war für Huftiere schon immer ein karger Lebensraum, und der Bali-Tiger, der hier die kleinste Hirschart als Beutetier vorfand, war anscheinend auch die kleinste Tigerart von allen. (Ein erwachsener männlicher Bali-Tiger soll angeblich weniger als zweieinhalb Meter lang gewesen sein.) Eine geringere Größe war in einem dichten tropischen Dschungel, in dem die Biomasse an Affen größer war als die von Huftieren, natürlich kein Nachteil; dies könnte zum Teil erklären, weshalb Leoparden gedeihen, wo Tiger es nicht tun, wie in Sri Lanka und Borneo. (Der Asiatische Leopard kommt zwar in Java vor, aber seine ökologische Nische wird in Sumatra und Borneo von dem Nebelparder besetzt, einer kleineren Art einer anderen Gattung, *Neofelis*.)

Fruchtbarer vulkanischer Boden hat auf den Hängen des östlichen Bali zu einem intensiven Reisanbau geführt, und um 1912 (als man sein Vorkommen erstmals meldete) hatte sich der Bali-Tiger schon in die hohen Gebirgswälder im Westen zurückgezogen. Es gibt keinerlei Berichte darüber, daß ein Exemplar von *Panthera tigris balica* lebend gefangen und in einem Zoo gezeigt worden ist, und wir verfügen nur über wenige Felle sowie kleinere Knochenteile, denen man DNS entnehmen kann. Gleichwohl ist sein Status als eigene Rasse von dem tschechischen Systematiker Wratislaw Mazak bestätigt worden. Er entdeckte bestimmte Schädelabweichungen – (zum Beispiel ein schmaleres Hinterhauptbein –, die ihn theoretisch vom Java-Tiger unterscheiden.

John Seidensticker jedoch hat seine Zweifel. Der stark bejagte Java-Tiger hätte schließlich den gut eineinhalb Kilometer breiten Kanal zwischen Java und Bali ohne Schwierigkeit überqueren können; von Tigern im Ganges-Delta ist bekannt, daß sie weit breitere Flüsse mit Ebbe und Flut überqueren können, während andere bei ihren internationalen Wanderungen zwischen China und Rußland den Amur überquert haben, ebenso die Wasserstraße zwischen Singapur und dem Festland der Halbinsel Malakka. Der Tiger ist ein erstklassiger Schwimmer, von dem bekannt ist, daß er bis zu 29 Kilometer in Flüssen und Flußdeltas schwimmend durchquert hat und mehr als vierzehn Kilometer auf dem Meer.

Das Sammeln von Museumsexemplaren aus der kleinen *balica*-Population beschleunigte jedenfalls sein Aussterben, und die Gründung des Wildreservats von Bali Garat 1941 erfolgte viel zu spät. Als in den 1960er und 1970er Jahren große Teile der Plantagenwälder gefällt wurden, um Kalkdünger für die Kalkproduktion aus Koralle zu gewinnen, war der Tiger wohl schon verschwunden. (Selbst die Vögel «sind nicht mehr zahlreich», wie man in einer Broschüre für Inseltouristen gesteht, «da Bäume für die Bedürfnisse des Menschen gefällt worden sind. In diesem Universum sind wir aber alle wichtig, auch die Vögel».) Der Literatur zufolge verschwand der letzte Bali-Tiger in den 1930er Jahren. Anscheinend haben sich einige wenige ein paar Jahre länger gehalten, und noch heute kann man Gerüchte von Tigern in den Bergen des Nordwestens hören. Im Juli 1978 sprach Dr. Seidensticker mit einem Inselbewohner. Dieser behauptete, er habe vor einem Monat einen Tiger beobachtet, als dieser aus einer Quelle am Fuß des großen Banyan (*Ficus bengalensis*) getrunken habe, der seinen Tempel beschatte. Ein Jahr später erschienen in einer balinesischen Zeitung Meldungen, in Bali Barat, einem inzwischen gegründeten Nationalpark, lebten mindestens sechs Tiger. 1996 hörte ich ebenfalls von diesen Berichten, und als ich auf diese rätselhaften hohen, dunklen Berge blickte, hätte ich es nur zu gern geglaubt. Als ich jedoch ein wenig nachhakte, stimmten mir meine Informanten darin zu, daß *hariman* endgültig ausgestorben war.

꧇

In Indien kann man in einfachen Felsenschreinen Opfergaben an Vaghadeva finden, die Tigergöttin, die «Hüterin des Waldes» wie im Ussuri-Gebiet: Die Göttin Durga reitet auf einem Tiger und trägt Licht und Frieden; sie ist die weibliche Macht oder *sakti*, die von den Göttern erschaffen worden ist, um der aggressiven männlichen Macht Paroli zu bieten, die der Welt schadet. Ihr Abbild ist überall in Indien gegenwärtig, auf den Seiten von Lastwagen und Bussen ist sie zu sehen, wie sie den Segen über ihr Reich breitet.

Da Mensch und Tiger dieselbe Erdmutter haben, gelten sie als Brüder. In Dörfern des Warli-Stammes nördlich von Bombay zeigen Wandgemälde, wie der Tiger mit einer friedlichen und gütigen Haltung unter den Menschen wandelt. In ganz Indien findet man geschnitzte Tigerstatuen aus Holz, die manchmal eine phallische Form haben. Man benutzt sie bei Fruchtbarkeitsriten. Sie sollen die sexuelle Ausdauer symbolisieren, die den uralten Handel mit Tiger-Medizin belebt hat; der phallische Tiger wird um die Erntezeit mit Bildern von

Sonne, Mond, Sternen und Bäumen geschmückt, manchmal sogar ineinander verschlungenen Schlangen. Um Palaghata, die Göttin der Ehe, versöhnlich zu stimmen, tragen Braut und Bräutigam rot-gelbe Schals. Wenn die Göttin zufrieden ist, wird die Verbindung geheiligt, und die Brautleute werden fruchtbar sein; wenn nicht, verwandeln sich die Schals in Tiger, die beide Brautleute verschlingen, denn letztlich darf man nie vergessen, daß der Tiger ein Tiger ist.

Obwohl der Indische oder «Königliche Bengaltiger», wie er in den großen Tagen der indischen Herrschaft genannt wurde, dem äußeren Erscheinungsbild nach der Art *altaica* ähnlich sieht, weist er an den Flanken und der Unterseite sowie in den kalligraphischen Mustern des Kopfs weniger Weiß auf, und seine Flammenfarbe ist intensiver (*Panthera tigris altaica* hat weniger die Farbe von Feuerorange als vielmehr die von altem Gold). Außerdem hat er mehr «Doppelstreifen», die sich erst teilen und dann an beiden Enden wieder miteinander verschmelzen. Früher *Panthera tigris bengalensis* genannt, heißt er heute *Panthera tigris tigris*, die Rasse, die der Spezies Tiger den Namen gegeben hat – durchaus willkürlich, da die Herkunft jenes ersten Typ-Exemplars, das Linné 1758 beschrieb (und *Felis tigris* nannte), auch heute noch im dunkeln liegt. (Ich stelle mir gern vor, daß es ein Kaspischer Tiger gewesen sein könnte, da diese Rasse Europa geographisch am nächsten lag und auch die erste war, die 1815 als eigene Subspezies anerkannt wurde.) Das Verbreitungsgebiet von *Panthera tigris tigris* reichte von den Vorbergen des Himalaja nach Süden über den ganzen indischen Subkontinent mit Ausnahme Sri Lankas und der Wüsten von Gujarat und des westlichen Rajasthan. Im Nordosten fand man ihn jenseits der Grenzen in kleinen Zahlen im westlichen Myanmar und dem Süden Chinas. In den letzten Jahren hat man in den Bergen Bhutans und auch im südöstlichen Tibet zwischen den Flüssen Tsangpo und Brahmaputra das Vorkommen von Tigern in Höhen bis zu 3900 Meter gemeldet; die Fährte eines Exemplars wurde über den Chimdor-La-Paß bis zum tibetischen Hochplateau in 4500 Meter Höhe verfolgt, wo noch nie ein Tiger gesichtet worden war. Da diese Wanderer einheimisches Vieh reißen, nimmt man an, daß sie bei ihrer Suche nach Nahrung in immer größere Höhen getrieben wurden, da immer weitere Teile ihres Lebensraums im Tiefland nicht mehr genügend Beutetiere hergaben.

Indische Tiger wurden jahrhundertelang zu Tausenden getötet, um Land für den Menschen freizumachen, doch bis zum Aufkommen europäischer Feuerwaffen waren sie nie ernsthaft dezimiert worden. Erst die Feuerwaffen im Verein mit ausgebildeten Elefanten machten das Tigerschießen zu einer der unsportlichsten Unterhaltungsformen, die sich Menschen je ausgedacht haben. Als immer mehr Land für Teeplantagen benötigt wurde und immer mehr Menschen Feuerwaffen besaßen, nahm das Tempo des Tigertötens beträchtlich zu. Der Jäger Jim Corbett (der mit leichtem Gepäck reiste und menschenfressende Tiger zu Fuß jagte und sich ansonsten darauf beschränkte, diesen «Gentleman mit dem großen Herzen», wie er den Tiger einmal genannt hatte, mit einer Filmkamera zu jagen) warnte 1961, daß die Population wahrscheinlich auf rund 2000 Tiere gesunken sei. Doch noch um 1965 wurden jährlich rund 400 Tiger abgeschlachtet, und innerhalb weniger Jahre wurde klar, daß der Bengaltiger – das Sinnbild des Herrschers in Zoos und Zirkusmanegen, das Urbild des Tigers in der ganzen Welt – auf dem gesamten Subkontinent in einem starken Niedergang begriffen war, weil er auf allen Seiten von der stark gestiegenen Bevölkerung verdrängt wurde.

Ende der 1960er Jahre, als Wissenschaftler schätzten, in ganz Asien seien nicht mehr als 600 Tiere übrig, begann eine verspätete Kampagne zur Rettung dieses prachtvollen Geschöpfs. 1969 wurde in Neu-Delhi eine erste IUCN-Konferenz über die Krise des Tigers abgehalten. Drei Jahre später initiierte die IUCN zusammen mit dem WWF die «Operation Tiger», die darauf angelegt war, Geldmittel aufzubringen und in der Öffentlichkeit Unterstützung für Notmaßnahmen zur Rettung des Tigers in Indien und Südostasien zu erreichen. Indiens Ministerpräsidentin Indira Gandhi reagierte darauf, indem sie eine Initiative namens «Tiger-Projekt» ins Leben rief und neun Tigerreservate gründete (inzwischen sind daraus dreiundzwanzig geworden). In diesen Reservaten wurden traditionelle Tätigkeiten verboten, etwa das Jagen und Sammeln; Ziegen und Vieh durften nicht mehr dort weiden. Für Menschen wurde ebenfalls ein Aufenthaltsverbot erlassen. In den ersten zwei Jahrzehnten wurden für das Tiger-Projekt 30 Millionen Dollar zur Verfügung gestellt. Das ist zwar eine sehr große Summe für den Naturschutz, aber angesichts der Tatsache, daß im gleichen Zeitraum in Indien pro ausgegebenem Dollar zehn neue Menschen geboren wurden – 300 Millionen hungrige Münder –, wird sie bedeutungslos.

Das Tiger-Projekt wurde hauptsächlich von internationalen nichtstaatlichen Organisationen wie dem WWF finanziert. Dieser setzte die Behörden Indiens unter Druck, sofort Ergebnisse zu präsentieren. Man erhielt sie auch, zumindest offiziell, weil die Beamten, angefangen beim kleinsten Wildhüter bis zu den höchsten Ministern, nur die allerbesten Nachrichten meldeten. Mitte der 1980er Jahre schien es Grund zu der Annahme zu geben, daß sich die Population des Indischen Tigers auf eine geschätzte Gesamtzahl von 1300 Tieren mehr als verdoppelt hatte und daß das Tiger-Projekt einer der größten Triumphe in der Geschichte des Schutzes wildlebender Tiere war.

Unter den Tigerreservaten war Ranthambhore in Rajasthan das berühmteste. Rajasthan war seit dem achtzehnten Jahrhundert eine private Provinz der Maharadschas von Jaipur. (Der trockene Hochland-Laubwald von Ranthambhore ist der westlichste Lebensraum von *Panthera tigris tigris*.) Nachdem Indien 1947 unabhängig geworden war, benutzte der amtierende Maharadscha Ranthambhore weiterhin als privates Reservat für die Tigerjagd. Er stellte hinter den Schirmen, hinter denen sich die Jäger verstecken, illustre Sportler wie Prinz Philip von England auf, der später Ehrenvorsitzender des WWF wurde. «*Bagh! Bagh!*» («Tiger!» Tiger!») riefen die Treiber. «Treibt den Tiger auf den Prinzen zu», wie es Fateh Singh Rahore formuliert hat, der den größten Teil seines Lebens im Reservat gearbeitet hat. (Möglicherweise stellte sich der Prinz vor, daß diese verdammten Eingeborenen ihn geradezu anflehten, «den Tiger zu erledigen», was er dann auch umgehend tat, zweifellos von einem bequemen Sitz aus.)

Obwohl der Tiger seit 1959 offiziell geschützt war (dem Jahr, in dem die chinesische Regierung seine Ausrottung als «Ungeziefer» verlangte), endeten diese Hinrichtungen in Ranthambhore erst 1970, nachdem die meisten Tiger erlegt worden waren. Als ein junger Mann aus Delhi, Valmik Thapar, sechs Jahre später seinen ersten Besuch in Ranthambhore machte, waren die Tiger immer noch so selten, daß man kaum welche zu sehen bekam. Thapar verbrachte drei Wochen damit, auf den staubigen Waldstraßen auf und ab zu fahren, bevor er seinen ersten Tiger zu Gesicht bekam, doch mit diesem Anblick erkannte er die Aufgabe seines Lebens. Thapar wurde Fateh Singhs Schüler. Einige Jahre später veröffentlichten sie *With Tigers in the Wild* (Mit Tigern in der Wildnis), das erste von vier populären Büchern über das Verhalten des Tigers.

1971 hatte Fateh Singh als neuer Wildschutzbeauftragter von Ranthambhore unter dem Banner des Tiger-Projekts die Dorfbewohner des Reservats dazu «ermutigt», den Park zu verlassen – keine kleine Aufgabe, wenn man bedenkt, daß selbst in der den Park umgebenden Pufferzone 200000 arme Farmer mit 100000 Stück Vieh ansässig waren. Das einzige Weideland, das in dieser trockenen Region noch übrig war, befand sich im Reservat, und neun von zehn Dorffamilien kochten und heizten mit Holz der Bäume des Naturparks.

1979 waren die zwölf armen Dörfer in der Mitte des Reservats umgesiedelt worden, wo nötig, mit Gewalt. Zwei Jahre später wurde Fateh Singh von Männern aus der Gegend zusammengeschlagen und übel zugerichtet, weil er so eifrig auf der Einhaltung der Vorschriften bestanden hatte, welche die Jagd und das Sammeln von Futter für das Vieh verboten. Doch dafür erholten sich die Beutetierarten in erfreulichen Zahlen, und der Tiger folgte. Mr. Singh glaubt, zur Zeit seiner eigenen Zwangsumsiedlung 1987 habe es vierzig Tiger in seinem kleinen Reservat gegeben, die wohlbeschützt und ohne Angst dort lebten und als die am leichtesten zu beobachtenden und fotografierenden Tiger ganz Indiens gefeiert wurden.

Als der unpolitische Mr. Singh wegen diensteifriger Erfüllung seiner Pflichten von seinem Posten entbunden wurde, gründete Valmik Thapar die Ranthambhore-Stiftung, da er der Integrität und den redlichen Absichten des Naturparkdienstes mißtraute. Seine Stiftung bemühte sich darum, mit den Menschen der Gegend Wege und Mittel zu finden, um sie für ihre Verluste zu entschädigen, während gleichzeitig die Einwirkung des Menschen auf das Naturreservat verringert wurde. In diesem Zeitraum jedoch brachte eine schwere siebenjährige Dürre (und die Abwesenheit von Fateh Singhs harter Hand) die Dorfbewohner dazu, noch mehr Tiere ihrer Herden innerhalb der Grenzen des Reservats weiden zu lassen, was den ausgedörrten Lebensraum weiter verschlechterte. Der Verlust schützender Deckung für die Tiger verschlimmerte sich Ende der achtziger und Anfang der neunziger Jahre, als Dürre und Überweidung weitergingen, und unterdessen gab es die ersten Anzeichen dafür, daß die Tiger in Ranthambhore und auch anderswo auf rätselhafte Weise verschwanden.

Weil die Tiger-Wilderei in Ranthambhore vor 1989 kaum ins Gewicht gefallen war, schrieb man den plötzlichen Verlust an Tigern zunächst der Dürre zu, doch am Ende jenes Jahres wurde nur allzu deutlich, daß hier ein organisiertes Hinschlachten der Tiere im Gang war. Direkt unter den Augen von sechzig Waldhütern hatte man die vermißten Tiere so schnell und mit solcher Dreistigkeit geschossen oder vergiftet, daß sie verschwunden waren, bevor die Naturschutzbehörden es überhaupt bemerkten, obwohl die verbitterten Dorfbewohner über alles Bescheid wußten.

Im Winter 1992 verbrachte ich als einer der Leiter einer ornithologischen Safari drei Tage in Ranthambhore, einem kleinen, schönen Naturpark mit Lotosseen und Ruinen. Auf dem Parkgelände befindet sich auch eine weitläufige uralte Mogul-Festung, die sich hoch über den Wäldern auf Felsmauern erhebt. Überall waren Chital-Hirsche zu sehen, Wildschweine und Gazellen, als erwarteten auch sie die seltenen Tiger. Sogar der scheue Sambarhirsch verließ den schützenden Wald, aber nicht etwa, weil es seine Gewohnheit war oder es nur so wenige Tiger gab, die diese Tiere hätten stören können, sondern weil das Unterholz in dem trockenen Laubwald um die Seen herum von gefräßigen Rindern kahlgefressen worden war, was für Wildtiere auf dem Weg zu den Wasserstellen keinerlei Deckung mehr übrigließ.

Als wir in Ranthambhore waren, besuchten wir auch Fateh Singh, der sich, passend zu seinem weißen Schnurrbart, einen würdigen Gang bewahrt hat und heute noch Safarikleidung und einen Stetsonhut trägt. Als Verwandter unseres Kollegen, des Ornithologen Raj Singh aus Delhi, lud er uns auf seiner bezaubernden «Farm» am Rande des

Reservats zum Tee ein. In den Jahren seit seiner Pensionierung habe die Wilderei so grausam zugenommen, klagte er, daß sie den Tiger auszurotten drohe. Er erklärte warnend, unsere Chancen, jetzt noch einen Blick auf *Bagh* zu erhaschen, seien eher klein.

Jeden Tag gingen wir in aller Frühe durch die dunklen, ehrwürdigen Portale Ranthambhores, um auf den unbefestigten Straßen, Seeufern und dem trockenen Hochland nach diesem blitzenden Feuer Ausschau zu halten. Wir erfreuten uns am Anblick der Flughunde, der großen Krokodile und exotischen Vögel – wir sahen Fischeulen, Bekassinen, Schlangenadler und die wunderschönen Sittiche, etwa den Großen Alexandersittich, den Halsbandsittich und den Langschwanzsittich. Alle diese Tiere in einem Umfeld aus uralten und überwucherten Tempeln und Pavillons an einem mit Blumen übersäten Seeufer. Vielleicht war es diese arkadische Idylle, die den Tiger-Experten Ullas Karanth zu der Bemerkung veranlaßte: «Wenn man einen Tiger sieht, ist es immer wie ein Traum.» Hier und da sahen wir frische Kratz- und Fußspuren, aber keinen Tiger.

Drei Monate später, im Mai 1992, flog in der nahegelegenen Stadt Sawai Madhopur eine Bande von Tiger-Wilderern auf. In Sawai Madhopur hatten wir den Pandschab-Expreß nach Neu-Delhi bestiegen. Die meisten Tiere waren von Jägern des Moghiya-Clans erlegt worden, die moderne Waffen einsetzten – Gopal Moghiya behauptete, allein seine Gruppe habe zwölf Tiger getötet. Einige Tiere waren von Hirten aus den Dörfern getötet worden, die frisch gerissene Beutetiere mit Gift bestreut hatten, da sie wußten, daß der Tiger zurückkehren würde. Felle, Knochen und Organe der gewilderten Tiger wurden in den Sadar-Basar Delhis geschmuggelt, um dort verarbeitet zu werden: Die Felle, von denen jedes jetzt 15 000 Dollar brachte, gingen meist in die arabischen Länder, während die zu Pulver zermahlenen Knochen und anderen Körperteile nach China, Taiwan und Korea geliefert wurden, aber auch in große asiatische Kolonien in anderen Staaten. (Trotz des buddhistischen Tötungsverbots hatte sich leider auch die verarmte tibetanische Flüchtlingskolonie Manju ka Tila nördlich von Delhi ebenso wie andere in Dharamsala und Leh in diesen illegalen Handel mit Tigern einspannen lassen. Tibeter waren auch in das internationale Schmugglernetz verwickelt, das die Frachten durch Himalajastädte wie Simla und Srinagar brachte und weiter über die hohen, verschneiten Pässe Nepals und Tibets nach Ostasien.)

In der großen Erregung, die sich jetzt überall bemerkbar machte, gestanden Beamte des Tiger-Projekts ein, daß sie die Erholung des Tigers in erster Linie deshalb übertrieben hätten, um die Politiker in Neu-Delhi zufriedenzustellen. Jetzt wurde eine ehrliche Zählung verlangt, und als sich der Pulverdampf verzogen hatte, war die geschätzte Tigerpopulation des Naturparks von fünfundvierzig auf achtundzwanzig geschrumpft. Selbst diese Zahl war vermutlich optimistisch, und dies um so mehr, da die Wilderei immer noch weiterging. Thapar zufolge waren in Ranthambhore nur noch fünfzehn Tiger am Leben, sieben oder acht Exemplare vielleicht mitgezählt, «die sich nicht zeigen».

In den wenigen Jahren intensiver Wilderei, die 1988 einsetzte, war etwa ein Drittel aller Tiger Indiens vernichtet worden, darunter allein zwischen 1990 und 1993 geschätzte 1500 Tiere – fast ebenso viele, die in ganz Indien noch als vorhanden galten, als das Tiger-Projekt vor zwanzig Jahren begonnen hatte. Indien behauptete immer noch, rund die Hälfte aller Tiger der Welt zu beherbergen, und bekannte sich offiziell zu ihrem Schutz, doch dieser Verpflichtungserklärung schenkt so gut wie niemand Glauben – oder zumindest nicht in der gegenwärtig so unangenehmen Atmosphäre, die durch Bestechlichkeit und Korruption der Regierungsbehörden gekennzeichnet ist. Mit Ausnahme einiger wohlbewachter Reservate wurde der Indische Tiger immer noch unnachsichtig bejagt, selbst in dem entlegenen Staat Assam, in dem Guerilleros des Boro-Stamms Tigerteile gegen Waffen eintauschten.

@@

Die letzte große Zuflucht von *Panthera tigris tigris* ist der Bundesstaat Madhya Pradesh im zentralen Hochland, in dem sich mehr als die Hälfte von Indiens verbliebenen Wäldern finden mit der vermutlich höchsten Tigerdichte. Herzstück des Tigerlands ist eine Hochebene in der Maikal-Bergkette namens Kanha, eine Region mit Bergkämmen und Schluchten, die von trockenen Wäldern beherrscht wird. Hin und wieder findet man Savanne, Lichtungen und Wiesen, die in vergangenen Jahrhunderten von den eingeborenen Gond- und Baiga-Bauern gerodet worden sind. Noch Anfang der 1920er Jahre gab es hier viel Wild, als die Region für britische Notabeln reserviert war, die nach Herrenart auf die Tigerjagd gingen. In den 1930er Jahren wurde Kanha von der Liste der Jagdreviere gestrichen und zum Schutzgebiet erklärt, aber nach der Unabhängigkeit des Landes, als weite Teile der Gegend den lokalen Bewohnern zur Rodung und Bebauung übergeben wurden, wurde Kanha wieder für die Jagd freigegeben. Zwischen 1949 und 1951 erlegte ein Maharadscha der Gegend in und um Kanha dreißig Tiger, was allgemeinen Zorn auslöste. Als das Gebiet erneut zum Reservat gemacht wurde, schätzte man die Zahl der verbliebenen Tiger auf etwa neun.

Als George Schaller Mitte der 1960er Jahre erstmalig eine Studie großer indischer Säugetiere in Angriff nahm, wählte er Kanha als Forschungsgebiet, nicht nur weil es groß und entlegen war – sechs oder sieben Autostunden auf schlechten Straßen von der nächsten Provinzstadt entfernt –, sondern weil «es in Kanha mehr Tiger gab als in jeder anderen Gegend, die besucht wurde». Im Verlauf seiner Arbeit über die Huftiere des Kanha-Hochlands unternahm er auch die ersten systematischen Beobachtungen über Ökologie und Verhalten des Tigers.

1974 wurde Kanha zu einem der ersten der neuen Reservate, die das Tiger-Projekt vorsah, und zwei Jahre später wurde es beträchtlich vergrößert und zum Nationalpark erklärt. Mit einer Größe von insgesamt 925 Quadratkilometern – eine große Pufferzone nicht mitgerechnet, in der menschliche Tätigkeiten stark eingeschränkt wurden – war es jetzt der größte Naturpark in ganz Indien, wenn auch entlegen und von Ausländern nur selten besucht. Weil man annahm, daß dort mehr als einhundert Tiger lebten, fuhr ich im Winter 1996 nach Kanha. An acht wundervollen Februartagen begegnete ich exotischen Vögeln und Tieren aller Art, darunter auch zwei asiatischen Leoparden, dem riesigen Gaur, Wildhunden und Hirschziegenantilopen. Das einzige große Tier, das ich nicht zu Gesicht bekam, war der Bengaltiger.

◎◎

Eine weitere Zuflucht des Indischen Tigers ist das Inselgewirr der Sundarbans an der Bucht von Bengalen in Indien und Bangladesch, wo der große Ganges, der Brahmaputra und Meghna ein Mangrovendelta von gut 10 000 Quadratkilometern bilden, das größte der Erde. Hier lassen sich Tiger nur außergewöhnlich schwer beobachten und studieren – es ist so schwierig, daß vor kurzem ein Autor vier Reisen dorthin unternahm, ein gutes Buch schrieb und im Auftrag von *National Geographic* einen Film über Sundarbans-Tiger machte, ohne auch nur einen einzigen zu Gesicht bekommen zu haben.

In früherer Zeit waren Tiger auch landeinwärts vom Delta häufig anzutreffen, doch in dem Jahrzehnt zwischen 1930 und 1940 waren diese legendären Menschenfresser für den Tod von 186 Menschen verantwortlich. Bei zwei Kampagnen (1927 bis 1941 sowie 1948 bis 1957) wurden 424 Tiger getötet. Anfang der 1960er Jahre war die Inland-Population des Tigers ausgerottet, und die wenigen Exemplare, die das Labyrinth von Mangroveninseln verließen, wurden sofort getötet. Im Delta gedieh der Tiger jedoch weiterhin, hatte aber seine Gewohnheit der Menschenfresserei nicht aufgegeben; in den Fischerdörfern beteten die Menschen zur Göttin Bana Bibi, sie möge sie beschützen. Man stellte stromführende menschliche Dummys auf, um die Tiger mit Elektroschocks dazu zu erziehen, keine aufrecht gehenden Gestalten mehr anzugreifen. Nahrungssammler in den Mangrovenwäldern trugen Masken an den Hinterköpfen, um Tiger von Attacken abzuhalten (denn sie greifen fast unfehlbar von hinten an). Man hat die Vermutung geäußert, das salzhaltige Habitat habe dazu beigetragen, die Menschenfresserei zu fördern, aber John Seidensticker hält es für weit wahrscheinlicher, daß die Tiger der Sundarbans nicht an menschliche Gesellschaft gewöhnt sind – wie beispielsweise in häufiger besuchten Gegenden wie Ranthambhore, wo zumindest einige Tiger sich in der Nähe der Straßen aufhalten – und daß ihr Jagdinstinkt vielleicht von den einsamen Sammlern ausgelöst werde, die häufig in gebückter Haltung dastehen und dadurch Ähnlichkeit mit vierbeinigen Beutetieren haben.

Obwohl die Bevölkerung von Bangladesch jetzt die Hundert-Millionen-Grenze überschritten hat, sind die Sundarbans durch eine jahrhundertelange Tradition kluger Verwaltung der Zerstörung entgangen. Anders als so viele andere Staaten mit Tigerhabitaten, in denen es Kompetenzüberschneidungen verschiedener Behörden gibt, hat Bangladesch seine gesamte Küstenregion der Obhut seines vorzüglichen Forstministeriums unterstellt, dessen Philosophie nachhaltiger Erträge die Erzeugung von Nahrungsmitteln und Fasern ohne offenkundige Schäden für das System gesteigert hat. Bestimmte Großsäugetiere haben nicht überlebt – Nashorn, Schweinshirsch, Barasingha und Wasserbüffel –, doch dies sind hauptsächlich Arten aus dem trockeneren Delta, die für das Leben im Brackwasser der Gezeitensümpfe nicht geeignet sind. Andererseits haben sich Gangesreh, Wildschwein und Tiger gut angepaßt, und die gegenwärtige Schätzung von 300 Tigern in den Sundarbans scheint John Seidensticker schlüssig zu sein. Er hat «überall im Mangrovenwald» Spuren von Tigern und Gangesrehen gefunden. Die Mangrovenwälder, die auf zwei Staaten verteilt sind, gelten als das größte zusammenhängende Tigerhabitat auf dem Subkontinent und eins der größten und erfolgreichsten Wildtierreservate in ganz Südasien – trotz der zunehmenden Belastung durch Wilderer. Tatsächlich weisen nach Seidenstickers Meinung nur wenige Weltregionen eine vergleichbare Biomasse an Huftieren auf – was ohne Zweifel der Hauptgrund dafür sein dürfte, daß der unverwüstliche Tiger sich überhaupt an ein unwirtliches, salzhaltiges Habitat hat anpassen können.

In jüngster Zeit hat jedoch der Tigerexperte Ullas Karanth mit Hilfe von Kamerafallen eine Zählung Indischer Tiger vorgenommen. Diese Kamerafallen sind weniger fehleranfällig als Fußspuren, wenn es gilt, individuelle Tiere zu identifizieren. Somit ergeben sich genauere Zählungen. Ullas Karanth ist zu dem Schluß gekommen – in aller Stille, da er nicht den Wunsch hat, die ungewöhnlich empfindliche Bürokratie seines Landes bei diesem Thema vor den Kopf zu stoßen –, daß die offiziellen Schätzungen der letzten Jahre über die Zahl der Tiger und die Dichte an Beutetieren in den Sundarbans, die nie auf einer systematischen Einschätzung beruhten, viel zu hoch seien. Die neuen Karten des Geographic Information System (GIS), die man von den Staaten angelegt hat, in denen es Lebensräume für Tiger gibt, zeigen überdies deutlich, daß die Sundarbans keineswegs der größte zusammenhängende Block potentiellen Tigerhabitats auf dem Subkontinent sind, wie man bisher angenommen hat. Dennoch würden diese gut 10 000 Quadratkilometer des Mangrovendeltas, die mehr als hundert Jahre lang vernünftig als zusammenhängende Einheit verwaltet worden sind, langfristig ihr bedeutendes Potential behalten, hätten die Asian Development Bank und andere Institutionen nicht neue Ambitionen für das Delta, bei denen es mehr um Finanzen und Entwicklung geht als um die Umwelt des Menschen; heute wird schon befürchtet, daß die Sundarbans, die lange als letzte Festung von *Panthera tigris tigris* galten, zum Untergang verurteilt sein könnten.

⊚⊚

Die Wälder und alluvialen Weidegründe der kleinen Staaten am Südhang des Himalaja wie Nepal, Bhutan und Assam gelten als das beste Tiger-Habitat in Asien; dazu gehören so berühmte Reservate wie das Royal Chitwan in Nepal sowie Rajiji-Corbett, Indiens erster Nationalpark, der auch Anfang der siebziger Jahre im Rahmen des Tiger-Projekts als erster zum Tigerschutzgebiet erklärt wurde. In derselben Zeit wurde mit John Seidensticker als Gründungs-Wissenschaftler in Chitwan das Smithsonian-Nepal Tiger Ecology Project ins Leben gerufen (das Pilotprojekt des heutigen King Mahendra Trust for Nature Conservation). Seitdem hat diese erweiterte Studie den größten Teil des Wenigen zutage gefördert, was man über die Dynamik von Tigerpopulationen weiß. Anschließend wurde von Ullas Karanth in Südindien, in Nagarahole, ein weiteres langfristiges Projekt ins Leben gerufen, und in jüngster Zeit hat man die *Panthera-tigris-tigris*-Forschung mit der Feldarbeit über die Amur-, die indochinesischen- und die Sumatra-Populationen koordiniert – über sämtliche noch vorhandenen Tigergruppen mit Ausnahme der schwer zu sichtenden Tiger Südchinas, die vielleicht noch da sind, vielleicht aber auch nicht.

Obwohl Nepal ein armes Land ist, hat es erhebliche Geldmittel für den Schutz und die Verwaltung seines 980 Quadratkilometer großen Royal-Chitwan-Nationalparks in den Siwalik-Vorbergen zur Verfügung gestellt. Dieser Nationalpark weist die größte Tigerdichte ganz Asiens auf und hat auch die meisten Tigertouristen. Das frühere

Jagdreservat Chitwan liegt im Terai, einem 1600 Kilometer langen Streifen mit Wald und offenem Land unterhalb der Südhänge des Himalaja. Chitwan, dem nur die feuchten Wälder des südwestlichen Subkontinents den Rang streitig machen könnten (einschließlich Nagaraholes) und vielleicht der Rajiji-Corbett-Nationalpark jenseits von Indiens Ostgrenze, bietet auch dem Leoparden, dem Indischen Elefanten, dem Lippenbären und dem Indischen Panzernashorn eine Zuflucht. Chitwan grenzt an das Wildreservat von Parsa und das indische Tigerreservat Valmiki, die zusammen ein riesiges grenzüberschreitendes Schutzgebiet bilden, das seitdem zum Vorbild für andere Nationalparks geworden ist.

Die Chitwan-Tiger sind zwar nicht so gefährlich wie ihre Stammesgefährten in den Sundarbans, aber diese rund neunzig Köpfe zählende Population hat inzwischen eine nicht unbeträchtliche Zahl von Dorfbewohnern verspeist – nach inoffiziellen Schätzungen etwa fünfzig seit Gründung des Nationalparks in den frühen 1970er Jahren. Das wären durchschnittlich etwas weniger als zwei Menschen im Jahr – und zu diesen tödlichen Attacken kommt es trotz der Tatsache, daß es reichlich Beutetiere gibt und die Tiger nicht provoziert werden. (Man nimmt an, daß Tiger in den vergangenen vier Jahrhunderten eine Million Asiaten getötet haben, etwa 2500 Menschen im Jahr oder fünfundzwanzig Menschen pro tausend Tiger – keine unglaubwürdige Zahl, wenn man bedenkt, daß ein Menschenfresser früherer Zeit so viele Menschen ganz allein getötet hat. In dem vergangenen Jahrhundert ist die Sterblichkeit beim Menschen in dieser Hinsicht rückläufig gewesen, da es an Tigern mangelt, und das trotz der zunehmenden Bevölkerungsdichte bei dieser Art von Beutetieren.)

Man sagt, daß Asiatische Wildhunde ebenso wie Leoparden und Wölfe überall dort selten seien, wo Tiger gedeihen, aber in Chitwan und Kanha, wo es reichlich Beutetiere gibt, scheinen diese großen Raubtiere toleranter miteinander umzugehen. Überdies hat Valmik Thapar die Annahme, Tiger seien einsame Jäger, in Frage gestellt. «Ich glaube, daß die Tiger infolge der Verfolgung und der Vernichtung ihrer Lebensräume zu einer einsamen und nächtlichen Lebensführung gezwungen worden sind, da die Eingriffe des Menschen zu einer

Knappheit an Beutetieren geführt hatte», hat Thapar gesagt. «In wirksam geschützten Lebensräumen wie etwa Ranthambhore während der 1980er Jahre kommt es vor, daß Tiger sich für die Jagd vorübergehend zu Gruppen zusammenschließen und sogar die Beute teilen, wie Löwen es tun.» Andererseits fehlt diesen Tigergruppen – meist ein Weibchen mit Jungen, denen sich vorübergehend ein Männchen angeschlossen hat – die Stabilität, die man bei Löwen-Clans sieht.

Dr. Alan Rabinowitz von der WCS hat vor kurzem zu seiner Überraschung entdeckt, daß der Tiger in «klassischen Tiger-Reservaten» wie etwa dem Alaungdaw-Kathapa-Nationalpark in Myanmar weit seltener ist, als man angenommen hatte, selbst dort, wo relativ viele Huftiere leben. Leopard und Wildhund hingegen können in solchen Gegenden häufiger auftreten. «Niemand hat sich die Mühe gemacht, Feldarbeit zu leisten und selbst genau hinzusehen. Selbst wenn manche Wissenschaftler es taten, waren sie so unerfahren, daß sie Leopardenspuren für Tigerfährten hielten.» Ich fragte ihn, ob die Dichte an Beutetieren – worin sich Tiger-Experten einig sind – der entscheidende Faktor beim Tigerschutz sei. Dann wollte ich wissen, was das Fehlen von Tigern zu bedeuten habe, obwohl die Beutetiere in so großer Zahl verfügbar seien.

«Seidenstickers Arbeit hat gezeigt, daß Tiger unter normalen Umständen dazu neigen, Leoparden zu vertreiben», sagte er. «Aber der Leopard kann sich von viel kleineren Beutetieren ernähren und überdies unter kargeren Lebensumständen überleben. Der Wildhund ist ein weit effizienterer Jäger mit einem viel höheren Prozentsatz erfolgreichen Beutemachens; überdies können die Hunde ein Rudel immer auseinandertreiben, wenn Huftiere knapp sind, und kleinere Beutetiere hetzen. Mit anderen Worten: Selbst wenn wir den Nationalpark verschließen und das Habitat sowie die Beutetiere schützen, heißt das immer noch nicht, daß es uns gelingt, die Erholung der Tigerbestände zu erreichen. Ich kann nur vermuten, daß es dem Tiger schwerfallen wird, seine ökologische Nische zurückzugewinnen, wo das Eingreifen des Menschen die Zahl der Tiger – auch durch Wilderei – stark reduziert hat.»

Belinda Wright, eine attraktive und energische Fürsprecherin des Tigers und Filmemacherin, deren wundervolle Arbeit *Land of the Tiger*, der in Kanha und Ranthambhore aufgenommen worden ist, der beste Film über sein fotogenes Objekt ist, den ich je gesehen habe, war so liebenswürdig, mich in ihrem kleinen Haus am Rande Delhis aufzunehmen. Drei Tage und Abende diskutierten wir über den Tiger und seine Zukunft sowie das heikle Thema der Stammesangehörigen, deren Dörfer innerhalb der Grenzen des Kanha-Reservats liegen. Diese Menschen werden gegen ihren Willen in wertloses Land außerhalb ihrer Wälder umgesiedelt – das allen «Stammesangehörigen» oder «Eingeborenen» gemeinsame Schicksal, seit Kolonialherren die Idee von Wildreservaten und Nationalparks in Asien und Afrika einführten. Wright teilt nicht die kastentypische Gleichgültigkeit gegenüber dem Wohlergehen der einheimischen Menschen ihres Landes, was vielleicht daran liegt, daß sie in Indien geboren ist und die entlegenen Regionen des Landes liebt. In letzter Zeit verlangte sie sogar eine bessere Behandlung der kleinen, dunkelhäutigen Jäger und Sammler, die aus Kanha vertrieben wurden. Jahrzehntelang galt es bei Naturschützern als der Weisheit letzter Schluß, «Menschen von Tieren getrennt zu halten», obwohl Waldbewohner auf der ganzen Welt – da sie gar keine Wahl hatten – jahrtausendelang in respektvollem Gleichgewicht mit ihrer Umwelt gelebt haben und wie der unsterbliche Dersu darum bemüht sind, dem Tiger sein Eigenleben zu lassen. Mit Sicherheit bringen sie weniger Unruhe in den Wald als der Lärm und die Luftverschmutzung durch Lastwagen, Straßen, Gebäude, Haushaltsgeräte, Wasserleitungen und das wuchernde System des Tiger-Tourismus oder auch nur der Feldforschung.

Als das Tiger-Projekt 1973 anlief, wurden in vielen Tiger-Reservaten sämtliche menschlichen Bewohner zwangsumgesiedelt – allein in Chitwan rund 4000 Dorfbewohner (obwohl die Vertreibung dieser Menschen schon in den 1960er Jahren begonnen hatte, um nicht den Tiger, wohl aber das Jagdreservat des Königs und das allmählich aussterbende Indische Panzernashorn zu schützen). In Chitwan erlaubte man den 300000 in den «Pufferzonen» lebenden Menschen anders als in Ranthambhore wenigstens, im Nationalpark Reet für ihre Häuser zu sammeln. Heute wird ein Drittel bis zur Hälfte aller Eintrittsgelder in diesem beliebtesten aller asiatischen Naturschutzparks für Schulen, Krankenhäuser und anderen Gemeinschaftsaufgaben rexserviert. Überdies gibt man diesen Menschen in bestimmten Nationalpark-Konzessionen Arbeit – sie lassen die Besucher auf Elefanten reiten, führen sie durch die Natur, bewirtschaften Pensionen mit der Möglichkeit, nach Tigern Ausschau zu halten, und ähnliches. Es mag Zufall sein oder auch nicht, daß sich die verheerende Wilderei in Chitwan gelegt hat und es den Tigern und den gefährdeten Panzernashörnern gutgeht.

In ähnlicher Weise hatten in Nagarahole westliche Naturschutzgruppen, darunter auch die WCS, die Ullas Karanths langfristige Forschungsarbeit sponsert, die Umsiedlung von Dorfbewohnern gefordert. Trotz der Zusage, die Lebensbedingungen für die Gemeinschaft in Form neuer Schulen und Krankenhäuser zu verbessern, kam es jetzt unvermeidlich zu Groll und Ressentiments. In einem veröffentlichten Bericht hieß es, ein Administrator der WCS, der Nagarahole besucht habe, habe gesagt, «die Umsiedlung von Einheimischen, die in diesen geschützten Regionen leben, ist der wichtigste Schritt zum Naturschutz». Überdies soll er erklärt haben, die Nahrungssuche dieser Leute im Nationalpark sei «zwanghaft». Obwohl sich dieser Bericht als problematisch herausstellte, bleibt die Frage der Umsiedlung eine heikle Angelegenheit. Karanth selbst hat sein Bedauern darüber geäußert, daß die Umsiedlung von eintausend «Landbesetzern» aus Nagarahole, die zwischen 1970 und 1980 erfolgte, «nicht mit dem erforderlichen Maß an Mitgefühl, Sensibilität und Planung gehandhabt wurde».

In jüngster Zeit sind in *The Guardian* und in anderen Blättern Berichte über die WCS, die Smithsonian Institution und den *Save the Tiger Fund* erschienen, Organisationen, die sich nachdrücklich für ein neues Naturreservat in Myanmar einsetzten, das von der widerwärtigen Militärdiktatur eingerichtet wurde, die als «Staatskomitee zur Wiederherstellung von Recht und Ordnung» firmiert. Es hieß, die Militärregierung säubere die Region durch brutale Vertreibungen des Volks der Karen. Bei einem Dinner der WCS in New York fragte ich George

Schaller, ob es nicht den künftigen Naturschutzbemühungen in der Dritten Welt schade, wenn man sich mit einem Unterdrückerregime einlasse und ihm dadurch Legitimität verleihe. Schaller runzelte die Stirn und entgegnete, Naturschutzorganisationen und deren Biologen könnten sich nicht mit der Politik und kurzfristigen Aktivitäten von Regierungen der Dritten Welt beschäftigen. Diese kämen und gingen. Die Naturschutzverbände müßten sich statt dessen vielmehr im Namen der gefährdeten Tierwelt auf langfristige Ziele konzentrieren, auf biologische Vielfalt und natürliche Lebensräume, die zunehmend verschwänden und unersetzlich seien. Ullas Karanth, der sich unserem Gespräch angeschlossen hatte, schien ihm recht zu geben.

Ich hatte diese Art von Argumentation natürlich schon zuvor gehört, nicht nur von George, sondern auch von anderen Naturschützern unter den Biologen, und es hörte sich jedesmal, wenn ich es zu hören bekam, außerordentlich vernünftig an. Und wie sich herausstellte, waren die Berichte aus Myanmar übertrieben und auch aufrührerisch – ein weiterer Beleg dafür, wie äußerst sorgfältig ausländische Gruppen in Situationen vorgehen sollten, die etwas mit Naturschutz und Einheimischen zu tun haben. Berichte dieser Art wiesen aber auch auf eine diesen Fragen innewohnende Gefahr hin, der sich Feldbiologen und ihre Organisationen in Ländern der Dritten Welt zunehmend ausgesetzt sehen – nämlich den Fällen, in denen westliche Institutionen die Vertreibung unglücklicher und wehrloser Angehöriger unser eigenen Art stillschweigend akzeptieren, und sei es mit noch so großem Unbehagen, nur um damit für seltene Tiere eine Zukunft zu erreichen.

Seit meinem Gespräch mit Schaller habe ich diese heikle Frage mit Dres. Karanth und Rabinowitz, Hornocker und Quigley, Seidensticker und Miquelle besprochen. Obwohl Dale das Dilemma ebensosehr zuzusetzen schien wie den anderen, setzte er sich dennoch nachdrücklich und unzweideutig für die Umsiedlungen ein. «Immerhin», argumentierte er, «kann man nicht mehr davon sprechen, daß diese asiatischen Volksstämme angesichts der weiträumigen Zerstörung von Habitaten, dem Raubbau an den natürlichen Ressourcen und dem Verlust an biologischer Vielfalt im Einklang mit ihrer Umwelt leben. Daher ist es nicht unvernünftig, sich um die Rettung von Habitat-Inseln in dem Menschenmeer Asiens zu bemühen. Die Erhaltung der natürlichen Lebensbedingungen, von sauberem Wasser, die Beherrschung von Überschwemmungen und Bodenerosion sowie die Erhaltung der Ressourcen, die so gewonnen werden können, sind auch für die Lebensqualität der dort lebenden Menschen von entscheidender Bedeutung. Unser großes Versagen liegt nicht in der Gleichgültigkeit gegenüber den Armen, sondern in der Tatsache, daß wir uns noch immer weigern, das Problem der Übervölkerung in Angriff zu nehmen. Letztlich muß das Überleben unserer Art davon abhängen, daß wir zwischen der Zahl der Menschen und einer nachhaltigen Nutzung der Ressourcen ein Gleichgewicht finden.»

Für unsere gemeinsame Zukunft müßten wir nach bestem Vermögen die Integrität unserer natürlichen Umwelt und das großartige strahlende Gewebe der biologischen Vielfalt sichern, die auch den Tiger einschließe. Um das zu erreichen, seien kurzfristig in bestimmten Regionen unangenehme und undemokratische Maßnahmen notwendig geworden, nämlich überall dort, wo die Zahl der Menschen Land und Leben zu ersticken drohten. (Wenn wir nicht weit schneller zur Vernunft kämen, was die Grenzen der weltweiten Ressourcen angehe, als die Regierungen der Welt, die von multinationalen Unternehmen abhängig seien, würden dies keineswegs die letzten drastischen Maßnahmen dieser Art sein.) Langfristig jedoch würden solche Methoden nutzlos sein, wenn man sich nicht gleichzeitig um das ungehemmte Bevölkerungswachstum in den armen Weltregionen kümmere. «Sie» sind es nicht, von denen es zu viele gebe; «wir» als Art seien zu zahlreich. Sie einfach aus ihrer Heimat zu vertreiben, weil sie bestimmten Vorhaben im Weg stünden und man sie daher für entbehrlich halte (dabei fällt mir voller Unbehagen Maos Einstellung gegenüber der Natur ein), sei ein weiteres Anzeichen dafür, was der weltweite Wettbewerb um die stetig abnehmenden Ressourcen der Erde schon jetzt ausgelöst habe.

Mir scheint ungerecht, daß die negativen Konsequenzen für die Rettung der Tiger – die wir retten müssen – ausschließlich von den armen Landbewohnern getragen werden, die so oder so mit ihnen leben und alle Nachteile und Gefahren auf sich nehmen müssen, ohne etwas von den Vorteilen genießen zu können. Natürlich muß man für dieses wirkliche Opfer Entschädigungsmöglichkeiten finden, und sei es auch nur aus dem Grund, daß man Racheaktionen gegen den Tiger vermeiden will. Angesichts der unerbittlichen Zunahme der Weltbevölkerung werden sich die Millionen landloser Menschen, die an der Hungergrenze leben, unweigerlich von den wilden Tieren ihrer antiken Mythen und animistischen Religionen abwenden; sie müssen einen zunehmenden Groll gegen die Investition von Geldmitteln empfinden, deren Herkunft und Größe sie sich nicht vorstellen können, nur um wilde Tiere zu schützen, was den betroffenen Armen keinerlei Vorteile einbringt, sondern vielmehr ganz im Gegenteil für deren Familien und Viehherden eine höchst gegenwärtige Gefahr darstellt. In dem Bemühen, sich für den Verlust dessen zu entschädigen, was man ihnen genommen hat – in ihren Augen unrechtmäßig –, werden sie an dem Fällen von Bäumen, der Jagd und dem Sammeln von Beeren und Pflanzen festhalten, an Dingen also, die vor der Gründung des Nationalparks niemals illegal waren, sondern vielmehr ein selbstverständlicher Bestandteil ihres Alltags.

Seit der fast zwangsläufigen Ermordung Dian Fosseys, die in den einheimischen Afrikanern den natürlichen Feind des Berggorillas und daher auch von sich selbst sah, sind Naturschutz-Biologen und Umweltfreunde für die Beteiligung betroffener Dorfbewohner an Entscheidungen, die ihr Wohlergehen betreffen, zunehmend offen – aus kolonialer Perspektive eine beispiellose Gunstbezeigung, jedoch ein begrüßenswerter Wandel gegenüber dem elitären Denken, das von den früheren Herrschaftsverhältnissen in Indien beeinflußt war und bei der Gründung des Tiger-Projekts bestimmte Naturschutzorganisationen noch immer beherrschte.

※

Wegen ihrer aktiven Untersuchungen des Tigerhandels ist Belinda Wrights Arbeit gefährlich; ihr Haus und ihr Garten sind durch einen Stahlzaun mit schweren Schlössern und zwei Wachposten gesichert, die rund um die Uhr Dienst tun. Unsere Gespräche wurden auch regelmäßig durch rätselhafte Anrufe ihrer Informanten unterbrochen. Einem dieser Männer, einem Juwelier, waren soeben zwei gewilderte Tigerfelle angeboten worden. Er würde vielleicht dabei mithelfen, den Tätern eine Falle zu stellen; ein anderer Informant kam am Vormittag vorbei, da er nicht Gefahr laufen wollte, am Telefon abgehört zu werden.

Eines Abends begaben wir uns zum Dinner zu Valmik Thapar, einem riesigen bärtigen Mann, der einen gespannten und grüblerischen Eindruck machte – und keinerlei Ähnlichkeit mit dem warmherzigen und gemütlichen Thapar im Sikh-Turban hatte, der später als Moderator einer hervorragenden Serie über die Natur Indiens weltweit im Fernsehen zu sehen war. Ihr gemeinsamer Freund Bittu Sahgal, der leidenschaftliche Herausgeber von *Wild Asia*, war ebenfalls anwesend. Als ich Thapar fragte, wieviel Fateh Singh über das Ausmaß der Wilderei in der Gegend gewußt habe, als er sich vor vier Jahren mit uns in Ranthambhore unterhalten habe, gestand «Valu» Thapar, Fateh Singh habe ihn schon 1991 auf die Krise aufmerksam gemacht, aber «ich habe seine Warnungen ignoriert. Ich wollte einfach nicht glauben, was mit unseren Tigern passierte.»

Trotz aller Bemühungen Thapars, die im Reservat lebenden Menschen aufzuklären, war Ranthambhore seit Fateh Singhs Pensionierung von Hirten, Holzfällern – und auch Wilderern – hart zugesetzt worden. Diese Leute suchten den ganzen Nationalpark heim. Thapar bezweifelte, daß einer der kleineren Parks eine Tiger-Population noch sehr viel länger würde ernähren können. Die Wilderei scheine zwar ein wenig abgenommen zu haben, erklärte er, aber das indische Reservatsystem sei infolge der immer mehr herandrängenden Landwirtschaft und der Nutzung als Viehweide «ein Trümmerhaufen».

Angesichts der Gleichgültigkeit der Behörden gegenüber der epidemischen Wilderei und der totalen Wirkungslosigkeit des WWF Indien, der von Angehörigen der Schickeria beherrscht wurde, hatten Valu und Belinda zusammen mit Ullas Karanth und Bittu Sahgal die Wildlife Protection Society of India (WPSI) gegründet, deren oberstes Ziel die Festnahme und strafrechtliche Verfolgung nicht nur von Wilderern ist, sondern auch von Händlern, die mit Tigerteilen Handel treiben und somit die Wilderei gefördert und daran überdies das meiste Geld verdient haben. Vor kurzem hatte sich dieser kleinen und engagierten Gruppe Ashok Kumar von der TRAFFIC-Abteilung des WWF International angeschlossen. Diese Gruppe bekämpft den Handel mit Tierteilen auf der ganzen Welt. («Was wird es über die menschliche Rasse aussagen, wenn wir zulassen, daß der Tiger ausstirbt?» hat Kumar in einer *Time*-Reportage mit dem Titel «Zum Untergang verurteilt» gefragt. Kumar und Wright sind sich darin einig, daß man die Bewohner der Reservate dazu ermutigen müsse, sich am Tierschutz zu beteiligen. Die beiden Wissenschaftler glauben, daß man die Menschen dafür gewinnen könne, sich »wirksam für den Habitat Schutz einzusetzen, wenn man ihnen bei der Forstverwaltung ein Mitspracherecht einräumt und einen Teil der Einnahmen überläßt«.)

Hauptsächlich aufgrund von Belinda Wrights verdeckten Ermittlungen waren zweiundachtzig Menschen wegen Verletzung der Naturschutzvorschriften angeklagt worden, doch jeder einzelne von ihnen war wieder auf freien Fuß gesetzt worden. Wright war zwar nicht so verbittert wie Thapar und Sahgal, fragte sich aber, ob Indien überhaupt willens sei, seine Tierwelt zu retten. Die massive Korruption in hohen Kreisen, die während meines Aufenthalts in Delhi in fast täglich neuen Skandalen enthüllt wurde, hatte die lauwarme Entschlossenheit, die das Tiger-Projekt einmal bei Politikern geweckt hatte, weiter geschwächt. Gleichwohl fühlen sich die WPSI-Aktivisten trotz häufiger und lebhafter Auseinandersetzungen durch ihr starkes Engagement eng miteinander verbunden. Sie haben keine Vorstellung, was ihre Gruppe bei den Behörden Indiens bewirken wird, glauben aber, kleine Zeichen des Fortschritts zu erkennen. Was auch immer geschieht, Wright und Thapar sagen, sie hätten ihr Leben dem Kampf zur Rettung des Tigers geweiht, der, wie Bittu Sahgal sagt, «die Seele Indiens ist».

Bei unserer ersten Begegnung vor einigen Jahren war John Seidensticker höflich genug gewesen, sich bei meinen Fragen nach der Stammesgeschichte von *Panthera tigris* den Anschein von Interesse zu geben. Er zeigte auch Verständnis für meine laienhaften Zweifel an der für mein Gefühl willkürlichen Aufspaltung der Spezies in acht Unterarten oder Rassen, wo doch höchstwahrscheinlich die Festlandtiger – mit der möglichen einzigen Ausnahme des Kaspischen Tigers – vor der Ankunft des Menschen und der Landwirtschaft und der anschließenden Zersplitterung ihres asiatischen Verbreitungsgebiets eine einzige, zusammenhängende Population gebildet hatten. Ohne die Systematiker zu kritisieren, erklärte John mit überzeugenden Worten, daß der Begriff «Ökotypus» vielleicht eine nützlichere Bezeichnung sei als Unterart oder geographische Rasse, um ein Geschöpf zu bezeichnen, das an gemäßigte Wälder und tropischen Regenwald ebensogut angepaßt sei wie an Mangrovensümpfe am Meer, mit hohem Gras bewachsene Vorberge des Himalaja, dichte Ufervegetation und die riesigen Schilfwälder der Binnenseen des westlichen Asien; alternativ könne man von Tiger-«Bio-Regionen» sprechen wie etwa dem Ussuri-Gebiet, dem Indischen Subkontinent, Südostasien und den Inseln, auf denen sich bei regionalen Populationen morphologische Veränderungen entwickelt hätten. Die Morphologie des Tigers spiegele immerhin eher den Lebensraum des Tieres wider als dessen geographische Ausbreitung. Somit könne das Fell der kleineren, dunkleren Tiger des Südens eine durch die Jagd bedingte Anpassung an die tiefen Dschungelschatten der Tropen sein.

Einer vor kurzem von Wissenschaftlern des National Cancer Institute durchgeführten Analyse zufolge enthüllt eine Bewertung der genetischen Moleküle der Tiger ein «relativ niedriges Niveau genetischer Variationen bei allen Tiger-Unterarten». Dr. Stephen O'Brien und seine Kollegen sind zu dem Schluß gekommen, daß «eine vor kurzem erfolgte Homogenisierung der gesamten Art (bevor diese sich in verschiedene geographische Populationen aufspaltete) sowie eine vor noch kürzerer Zeit erfolgte geographische Isolation, also vor nicht mehr als 10000 Jahren, nicht ausgereicht haben, um genetische Adaptationen auf der Ebene der Unterarten sichtbar werden zu lassen.» Diese Einschätzung stützt Kitcheners morphologische Prüfung von Tigerfellen und Skelett-Überresten. Sie scheint überdies Seidenstickers Ansicht zu entsprechen, daß die Identifikation von Tiger-Unterarten im wesentlichen unhaltbar sei und daß die Benennung mit einem dritten Namensbestandteil wie etwa *altaica* hauptsächlich als Bezeichnung für geographische Populationen nützlich sei.

Auf Karten der GIS aus der jüngsten Zeit unterscheidet man rund 160 separate Tiger-Habitate, von denen die meisten in viele kleine Einheiten aufgespalten sind; sie sind sämtlich infolge der Einwirkung des Menschen durch unüberwindliche Barrieren unwirtlichen Territoriums voneinander isoliert worden. Von diesen 160 Habitaten sind höchstens fünfundzwanzig groß genug und verfügen über genügend Beutetiere, um auch im neuen Jahrtausend lebensfähig zu bleiben, immer vorausgesetzt, daß der Mensch auch weiterhin seine schützende Hand über sie hält. Aber selbst wenn alle notwendigen Schritte zum Schutz der letzten wildlebenden Tiger unternommen werden, kann es sein, daß das noch immer nicht genügt. Naturschutzexperten unter den Biologen haben durch harte Erfahrung lernen müssen, daß traditionelle Naturschutzmethoden bei Großkatzen in Asien versagt haben oder heute noch versagen. In einem vor kurzem vorgelegten Aufsatz erörtert Dr. Seidensticker das Fehlen spürbarer Forschritte selbst dort, wo man die Schutzmaßnahmen verstärkt hat. Er weist auf unmißverständliche Indikatoren dafür hin, daß etwa die Hälfte der gefährdeten Säugetierarten der Welt schon jetzt nicht mehr durch verstärkte Schutzmaßnahmen allein gerettet werden können: Eine wirksame Erholung der Bestände erfordere jetzt Korrekturen und vorbeugende Maßnahmen, um sicherzustellen, daß gnädiges Nichtstun (wie in Java und Bali, wo der Tiger trotz eines Systems geschützter Reservate mit einem passenden Habitat ausstarb) irgendein Ungleichgewicht auslöst, das sich für den Tiger als tödlich erweist, bevor die Bedrohung überhaupt richtig verstanden wird.

☙

An einem Apriltag 1996 erlaubte John Seidensticker Belinda Wright und mir freundlicherweise, seine beiden Sumatra-Tiger etwas näher anzusehen. Die Tiere befanden sich in ihren Einzelkäfigen hinter den Freigehegen im National Zoo. Durch die nur neunzig Zentimeter entfernten Gitterstäbe blickten wir in die eigenartigen achatfarbenen Augen eines ausgewachsenen männlichen Jungtigers, der die Zähne zu einem leisen, knurrenden Fauchen entblößte. Es war ein kleiner

Tiger mit einer Schulterhöhe von vielleicht 75 Zentimetern, was nur wenig mehr als die halbe Schulterhöhe eines männlichen *altaica* ist. (Eine typische Tigerin wiegt vielleicht 145 Pfund oder etwa soviel wie ein männlicher Puma.) Eigentümlicherweise ist der Durchmesser seiner Tatze im Verhältnis größer als bei anderen Tigern. Als ich mich erinnerte, daß Wölfe große und breite Pfoten für das Gehen auf Schnee haben, fragte ich mich laut, ob es auch bei diesen Tigern eine Anpassungsform an schlammiges und schlüpfriges tropisches Gelände gab, so etwas wie «Schneeschuhe» für Matsch. Auf diese brillante Theorie antwortete Seidensticker nur mit einem Grunzen.

Schädel und Gesicht der Rasse *Panthera tigris sumatrae* sind schmaler als bei größeren Tigern, und überdies scheint der Sumatra-Tiger eine auffälligere weiße Halskrause zu haben. Das Fell ist von einem dunkelroten Farbton, und die Flanken scheinen auf der Bauchseite stärker von Streifen durchzogen zu sein. Der Bauch weist im Vergleich mit dem leuchtenden Weiß von *altaica* und *tigris* ein eher schmutzigfahles Weiß auf. Die Streifen (die an den Spitzen gelegentlich gefleckt sind) sind zahlreicher und stehen enger, und das weiße Muster seines Gesichts ist im Vergleich mit den kühnen, harlekinhaften Gesichtern der größeren Tiger weitaus kleiner. Alle diese Merkmale tragen zu dem eher dunklen und rätselhaften Erscheinungsbild dieser Inselrasse bei. (Auf einem vor dem Ersten Weltkrieg aufgenommenen Schwarzweißfoto aus dem Berliner Zoo scheinen zwei Java-Tiger noch dunkler und dichter gestreift zu sein als diese Sumatra-Tiger, und die auf Bali heimische Form soll die dunkelste von allen gewesen sein.)

(In meinen Notizen von jenem Tag hielt ich einen vagen Eindruck fest, daß dieses Tier, abgesehen von seinem dunkleren Fell und der kleinen Größe eigenartig «anders» erscheine als die größeren Tiger. So fühlte ich mich ein wenig bestätigt, als ich im Septemberheft 1998 der britischen Zeitschrift *Animal Conservation* von einer sorgfältigen DNS-Analyse von Sumatra-Tigern las. Deren DNS, so der Autor, verrate, daß sich die Art *Panthera tigris sumatrae* genetisch klar von anderen Tigern unterscheide. Das lasse vermuten, daß diese Tiger sich im Verlauf ihrer Evolution früher von der Festland-Form entfernt hätten, als man bisher angenommen habe. Vermutlich waren die ausgestorbenen Arten *sondaica* und *balica*, mit denen *sumatrae* wohl verwandt war, aber kein Vorfahr, ebenfalls Populationen dieser separaten Rasse.)

Im neuen Jahrtausend wird *Panthera tigris* in seinen dann noch vorhandenen Restgruppen am Rand des großen Abgrunds entlangwandern und stets vom Aussterben bedroht sein. Die Populationen von Bali, den Kaspischen Küsten und Java sind schon verschwunden, und die südchinesischen Rassen sowie die Sumatra- und Amur-Tiger, von denen es kaum noch tausend Exemplare gibt, werden vielleicht schon in den ersten Jahrzehnten des neuen Jahrhunderts für immer verschwinden. Was die anderen betrifft, so liegen die jüngsten Schätzungen für den indochinesischen Tiger bei 1500 und für die Indische oder Bengalische Rasse bei vielleicht 3000 Exemplaren. *Panthera tigris tigris* macht noch immer mehr als die Hälfte aller wildlebenden Tiger auf der Erde aus, und es gibt von dieser Art fast zehnmal so viele wie Amur-Tiger. Somit hat es den Anschein, als wäre *Panthera tigris tigris* der Tiger mit den besten Überlebenschancen im neuen Jahrtausend, hauptsächlich wegen seines ausgedehnten Verbreitungsgebiets und der Verteilung auf sichere Reservate wie Chitwan, Corbett, Manas (in Bhutan), Nagarahole und die Mangrovenwälder der Sundarbans. Die meisten Experten nehmen weiterhin an, daß die Haupthoffnung für die Art bei dieser Rasse liegt.

Andererseits kann man nicht einfach von «3000 Indischen Tigern» sprechen, wenn man bedenkt, daß diese Population in mehr als einhundert isolierten Reservaten lebt. Bis auf wenige Ausnahmen leben diese gestreßten Tiger in kleinen, kaum lebensfähigen Gruppen, die auf kleine Enklaven bejammernswert beschädigter Lebensräume beschränkt sind. Diese wiederum sind von ungezählten Menschen und ihren ausgehungerten Viehherden umgeben, die nach Nahrung und Brennstoff suchen. Diese isolierten Tigergruppen, die in vielen Fällen durch Inzucht zu geschwächt sind, um auf die Dauer eine vitale Population aufrechtzuerhalten, sterben in immer schnellerem Tempo aus. In bestimmten Reservaten geht es den Tigern gut, doch als Rasse nimmt *Panthera tigris tigris* zahlenmäßig weiterhin ab. Wenn es möglich wäre, die Tiger des Subkontinents in einer einzigen Region zu einer einzigen Population zusammenzufassen – was die große Hoffnung des Sichota-Alin-Reservats ist –, würde es um die Zukunft des Indischen Tigers weit hoffnungsvoller bestellt sein.

Als ich 1992 zum ersten Mal den Fernen Osten Rußlands besuchte, wurde weithin angenommen, daß der Amur-Tiger schon im Jahr 2000 ausgestorben sein könnte. Die Art *Panthera tigris altaica* hat jedoch ihre eigenen besonderen Vorzüge, von denen jeder der Tatsache zu verdanken ist, daß es sich hier im wesentlichen um eine einzige Population in einem einzigen Habitat handelt, das fast im gesamten Verbreitungsgebiet gleich ist. Keine andere Tigerpopulation lebt in einer riesigen und fast straßenlosen Region bewaldeter Berge, in denen nur sehr wenige Menschen wohnen. Überdies nimmt *altaica* trotz der gefährlich niedrigen Zahlen allmählich zu, während die vom *Homo sapiens* bedrängte Art *tigris* ihren unerbittlichen langsamen Niedergang fortsetzt.

Die Wissenschaftler des Sibirischen Tigerprojekts haben immer geglaubt, daß die Art *altaica* letztlich die größten Chancen aller Tigerarten hat, und zu meinem Erstaunen stimmt auch John Seidensticker dieser Ansicht zu («Aber verraten Sie es meinen Freunden in Indien nicht», sagt er kleinlaut). Dies liegt zum Teil an seiner Bewunderung für die Arbeit der Wissenschaftler, die das Sibirische Tigerprojekt vorantreiben, vor allem an den jüngst von Dale Miquelle und Jewgenij Smirnow veröffentlichten Aufsätzen; er glaubt, daß diese außergewöhnlich fähigen und hingebungsvoll arbeitenden Wissenschaftler dafür verantwortlich sind, daß für den Amur-Tiger überhaupt Hoffnung besteht. Vielleicht setzt er besonderes Vertrauen in Miquelle, «einen sehr cleveren, nachdenklichen, komplexen, ‹knallharten› Mann, der, wie ich glaube, nach einer Heimat gesucht und sie bei den Tigern und im Fernen Osten Rußlands gefunden hat.

Als ich zum ersten Mal nach Ternej kam, lösten die Gerüche und alles, was ich sah, sehr frühe Kindheitserinnerungen an Butte und Twin Bridges, Montana, aus, wo ich aufgewachsen bin. Was für ein Land! Den Fernen Osten Rußlands zu besuchen war etwa so, als hätte ich eine Zeitreise in das Montana gemacht, von dem mein Großvater erzählt hat.» Seidensticker, der bei diesen Worten sehr aufgewühlt wirkte, glaubte, daß die Phantasie Maurice Hornockers und der anderen amerikanischen Wissenschaftler von ähnlichen «Déjà-vu-Erlebnissen» beflügelt worden sei. «Der Ferne Osten Rußlands ist ein kraftvolles großes, wildes Land. Dies war Yellowstone und Montana und Idaho auf einmal, und zwar vor fast einem Jahrhundert.»

☙

Im Januar 1996 bekam ich endlich die Chance, Maurice Hornockers freundliche Einladung anzunehmen, im Winter ins Ussuri-Gebiet zurückzukehren, wo es vielleicht möglich sein würde, die Fährte eines Tigers aufzunehmen und sogar einen zu Gesicht zu bekommen. In der tiefstehenden Wintersonne überflog das silbrigglänzende Flugzeug, aus Alaska kommend, die hell leuchtenden Vulkane Kamtschatkas und setzte rund 80 Kilometer landeinwärts von der Goldgräbersiedlung Magadan zum Landeanflug auf einen Flughafen mit großen, urinfarbenen Gebäuden in der sibirischen Einöde an. Dort fiel jetzt Neuschnee auf tiefen Altschnee, und die Temperatur betrug -50° C.

Die Maschine flog weiter nach Süden über das Ochotskische Meer und überquerte endlose Weiten mit Packeis, das von gezackten schwarzen Spalten durchzogen war, die sich wie gefrorene Blitze bis in nebelhafte Fernen erstreckten – eine eisige Landschaft, die an das Jüngste Gericht und Halluzinationen denken ließ, eine erstarrte und leere Eiswüste. Die Anweisungen der Stewardeß für den Fall einer Notlandung schienen recht nutzlos zu sein, da Überlebenden bei derart tödlichen Außentemperaturen Ratschläge nichts nützen würden und mit Hilfe wegen der großen Entfernungen nicht zu rechnen wäre. Tief unterhalb der Tragfläche hatte sich eine Brandung aus Eis auf einer Halbinsel aus schwarzem Fels festgesetzt, die aus dunklen, mit Schnee gestreiften Bergen nach Westen vorsprang – die Nordspitze der Insel Sachalin, wo Anton Tschechow einmal als Arzt gearbeitet hatte und wo die Exxon Corporation und andere multinationale Unternehmen dabei sind, nach Öl zu bohren. Erst als die Maschine das endlose gefrorene Delta des Amur überquert hatte, endete die Einöde aus Eis und machte schneebedeckter Tundra und Fichtenwäldern Platz. Achthundert Kilometer stromaufwärts machte die Maschine eine kurze Zwischenlandung in Chabarowsk, bevor sie über das Ussuri-Gebiet hinweg in südlicher Richtung nach Wladiwostok flog.

Den ganzen Tag hatte die Maschine mit der Sonne Schritt gehalten, die tief im Süden am Himmel blieb, doch als wir in Chabarowsk starteten und über den im Eis erstarrten Ussuri hinwegflogen, ging die Sonne schließlich über der Mandschurei unter. Das tiefe Blau am Horizont wurde durch ein strahlendes Rot erhellt. Im Osten, wo es über dem Japanischen Meer Nacht geworden war, strahlte der Orion an einem klaren schwarzen Himmel.

Am Flughafen von Wladiwostok wurde ich von Howard Quigley und Dale Miquelle abgeholt, dem Direktor der Feldarbeit beim Sibirischen Tigerprojekt, das in dieser alten Hafenstadt sein Hauptquartier hatte. Während der langen Fahrt in die Stadt hielten wir im «Vlad Motor Inn», einem Gasthaus, das in Kanada entstanden und dann Stück für Stück hertransportiert worden war, um eine «amerikanische» Atmosphäre erstehen zu lassen, in der sich Geschäftsleute aus dem Westen zu Hause fühlen konnten. Als wir gingen, sagte die Empfangsdame: «Okay. Gute Nacht. Alles Gute für Sie.»

@@

Im südöstlichen Sibirien ist es mitten im Winter bis acht Uhr morgens dunkel. Das Fenster meines ausgekühlten Zimmers im Hotel Wladiwostok hatte eine schöne Aussicht auf die große weiße Amur-Bucht (in der Halle, so hatte ich gehört, waren Gallenblasen von Bären für zehn Dollar pro Gramm zu kaufen); bei Tageslicht sah ich kauernde Gestalten, die auf der Eisfläche wie schwarze Ziffern festzukleben schienen. Mit heißem Kaffee im Magen begab ich mich aufs Eis, um mir ihren Fang anzusehen, einen kleinen Hering oder Stint namens *koruschka*. Was die Widerstandskraft angeht, können es nur die Fischhändler am Hafen mit diesen Fischern aufnehmen. Sie handeln mit Königskrabben oder steinharten Fischen wie Lachs, Karpfen, Hering, und einer Art Dorsch. Ich sah auch ein paar Exemplare der riesigen grünlichen Forelle, der sogenannten *taimen*. Die Fischhändler arbeiten in einem eisigen Wind, der von der zugefrorenen Bucht hereinweht. Die einzigen Vögel dort draußen sind die zähen Aasfresser – die Eis-, Silber- und Dreizehenmöwen sowie die Seeadler.

Eine Stunde später färben sich Himmel und Eis blau, und die Kleidung der stämmigen Fischer nimmt eine düstere Farbe an. Eine Elster flatterte inmitten der dunklen Mongolischen Eichen an der Wasserlinie dahin, wo die große Bronzestatue eines Tigers die Kaimauern bewacht. In dem eisig kalten Winter 1986 wurde die Stadt von vier Tigern besucht. Der letzte davon war ein etwa 400 Pfund schweres männliches Tier, das im März auftauchte, einen Hund riß und fraß. Trotz des Ehrenplatzes für den Tiger auf dem höchsten Punkt der Stadt wurde dieses marodierende Exemplar von einem Hubschrauber aus an einer Straßenbahnhaltestelle erlegt.

In der Nachbarschaft des Bronzetigers, in einer Straße, die von der Bucht wegführt, liegt das nach dem Forschungsreisenden benannte Arseniew-Museum, in dem die alte naturgeschichtliche Sammlung mit ihren gelblich-blassen, verstaubten und inzwischen recht mitgenommenen Exemplaren von Tiger, Luchs und Amur-Leopard, untergebracht ist, die durchaus zu Zeiten Dersus zusammengetragen worden sein können.

Vom Museum gingen Dr. Quigley und ich in dieser kleinen Stadt – die gegenwärtig eine halbe Million Einwohner hat – weiter bergab zur Allee des 25. Oktober (ein Anachronismus selbst in Wladiwostok, wo man den Leninski Prospekt wieder in Swetlanski Prospekt umbenannt hat). Auf dem Hauptplatz steht das riesige Verwaltungsgebäude von Primorski Krai, das von den Sowjets errichtete «Weiße Haus». Wir sahen einige kleine Freiluftmärkte, auf denen kleine gefrorene Fische und Hühnerkeulen verkauft wurden, Kiefernzapfen, Knoblauch, Dörräpfel, Süßigkeiten, Zigaretten sowie eselsohrige Puppen und übriggebliebene Souvenirs von Sommerferien an der See. Nicht weit weg davon liegt der gelbe Bahnhof der Transsibirischen Eisenbahn, die bei Chabarowsk nördlich zum Amur führt, dann nach Westen in Richtung Baikalsee und Moskau – eine Fahrt von rund 10 000 Kilometern durch sieben Zeitzonen. Wir überquerten eine Fußbrücke über die Bahngleise und gingen zum Hafen hinunter, wo ein außer Dienst gestelltes sowjetisches U-Boot zu besichtigen war. Zwei Weißschwanz-Gleitaare flogen an dem eisigen Himmel dahin, über die aufragenden schwarzen und knochigen Masten eines alten Segelschiffs hinweg, das vielleicht schon seit den Tagen von Vitus Bering dort vor Anker lag.

Dale Miquelle ging mit uns zum Abendessen ins Restaurant «Okeon», das wie so viele Lokale, Geschäfte und Wohnblocks der Region von außen schmutzig und wenig einladend aussah, innen aber mehr oder weniger komfortabel war. «Der Ozean» lag am Hafen, am Fuß des Hügels mit dem Bronze-Tiger. Die Speisekarte pries Delikatessen an wie etwa «Fat Pullet Breast Plump» und «Chiken Lag with Mashrooms». Dales Russisch war so übersprudelnd wie eh und je, hatte sich seit meinem ersten Besuch vor mehr als drei Jahren jedoch stark verbessert. Während unseres Besuchs diente er uns als Dolmetscher.

Meine Begleiter brachten mich über die Fortschritte des Sibirischen Tigerprojekts auf den neuesten Stand. Inzwischen hatten alle Beteiligten ein weit präziseres Verständnis von dem räuberischen Verhalten des Tigers und der Frequenz seiner Beutezüge erworben. Überdies hatten sie jetzt eine genauere Kenntnis von der Größe der jeweiligen Reviere von männlichen wie weiblichen Tigern im Ussuri-Gebiet; nach diesen Daten wurde festgelegt, wie groß das für einen wirksamen Schutz und für künftige Planung notwendige Gebiet sein mußte Überdies hatten die Beteiligten auch viel über die Fortpflanzung der Tiger gelernt – die Geburtenraten, die Intervalle zwischen den einzelnen Würfen und die Überlebenschancen der Jungen –, um so besser die langfristigen Auswirkungen chronischer Wilderei einschätzen und Vitalität und Lebensfähigkeit dieser Population beurteilen zu können. Mit den ersten Langzeitstudien einzelner Tiger, die durch die Funk-Telemetrie möglich geworden war, gewann das Projekt entscheidende Informationen über das Sozialverhalten der Tiere – wie oft sich Tigerpaare bildeten oder sich paarten oder wie viele Würfe eine Tigerin in ihrer Lebensspanne hatte. In diesen ersten Jahren des Projekts waren ein Dutzend Würfe dokumentiert worden, aus denen fast dreißig Jungtiger hervorgegangen waren. Viele Fragen waren jedoch noch immer unbeantwortet. So war beispielsweise eine vor kurzem festgestellte Zunahme der Tigerzahl nicht von einer Abnahme der Beutetiere begleitet worden, was vermuten ließ, daß trotz der in der Gegend verbreiteten anderslautenden Gerüchte Tiger nicht wirklich mit den Jägern der Gegend um das Wild konkurrierten.

Dreizehn der dreißig Tiger im Sichota-Alin-Reservat waren eingefangen, mit Funkhalsbändern ausgestattet und heil und unverletzt wieder freigelassen worden. Von dieser Gruppe waren zwei eines natürlichen Todes gestorben: Ein Tiger war von einem herunterstürzenden Ast zermalmt worden, bei einem zweiten war der Funkkontakt erloschen. Zwei weitere waren seit Anfang 1995 nicht mehr geortet und wahrscheinlich von Wilderern getötet worden, obwohl einer der überwachten Tiger rund 160 Kilometer weiter südlich in der Nähe der Bergbausiedlung von Dalnegorsk gesichtet worden war. Gegenwärtig wurden neun «markierte» Tiere überwacht.

∽

Der Rückgang der Tigerbestände, der zu den «Rettet-den-Tiger» Kampagnen der frühen siebziger Jahre geführt hatte, war hauptsächlich auf Habitatverluste zurückzuführen gewesen, auf eine Abnahme der Beutetiere und übermäßige Bejagung, nicht nur aus «sportlichen» Gründen, sondern wegen des hohen Marktwerts der Felle. Nur in China hatte man in den 1950er Jahren auf Tiger Kopfprämien ausgesetzt und als «Ungeziefer» hingeschlachtet. Diese toten Tiger waren Staatseigentum geworden, und so hatte man ein beträchtliches Lager von Tigerknochen angesammelt, die in der traditionellen chinesischen Medizin verwendet wurden.

Der Handel mit «Tiger-Medizin» war vielleicht 4000 Jahre lang ebenso geachtet wie profitabel gewesen. Beispielsweise hatte man mit pulverisierten Tigerknochen gehandelt (wobei der Vorderbeinknochen, der Humerus, als am wirksamsten gilt); ebenso sind volkstümliche Heilmittel zu nennen wie Tigeraugenpillen, Tigerknochenwein, Tigerhirn-Lösung sowie Tigerschwanz- und Tigerpenis-Suppe. (Außerhalb Asiens hat man «Tigerknochen-Medizin» allzu leicht als abergläubischen Hokuspokus abgetan und ebenso ins Reich der Fabel verwiesen wie das Rhinozeroshorn, obwohl der entzündungshemmende Effekt bei Arthritis und anderen Leiden von einigen Pharmakologen in westlichen Labors behauptet, wenn auch nicht bestätigt worden ist.)

China war schon immer der wichtigste Initiator und Verbraucher des Tigerhandels gewesen, und als die Tiger des eigenen Landes verschwanden, bemühte sich das Land, neue Nachschubquellen zu erschließen. 1986 wurde in der Provinz Heilongjiang das Tigerzuchtzentrum Hengdaohezi mit der erklärten Absicht gegründet, diejenigen Tiere, die «natürlichen Ursachen oder Krankheiten» zum Opfer fielen, zu schlachten und zu verkaufen. Die Einrichtung dieser «Tigerfarm» wurde von Umweltschutzgruppen verurteilt. Sie fürchteten, sie werde zum Handel mit Tigerteilen ermuntern und für das Wilderer-Gewerbe als Schutzschirm und Markt dienen, denn inzwischen hatte die Wilderei überall sprunghaft zugenommen, obwohl die Tiger immer schneller verschwanden.

Der plötzliche Aufschwung des Handels Ende der achtziger Jahre läßt sich zum Teil damit erklären, daß Chinas gehorteter Schatz an Tigerknochen erschöpft war. Dafür verstärkte sich die Wilderei in Indien, Bhutan, Indochina, Indonesien und dem Fernen Osten Rußlands. Viele der schönen goldfarbenen Felle fanden später den Weg in die arabischen Staaten, während die Knochen an Händler in China und Hongkong gingen, in Taiwan und Korea, Singapur, Japan und den großen asiatischen Kolonien in aller Welt.

In Rußland gab man die Hauptschuld den Chinesen, die bereit sind, einem Mittelsmann bis zu 10 000 Dollar für einen einzigen Tiger zu zahlen – mehr Geld, als ein gewöhnlicher Russe in fünfjähriger Arbeit verdienen kann. Die Wilderer waren gierig auf das in China bezahlte Geld, das nicht nur für das schöne gestreifte Fell Hu Lins gezahlt wurde, des Königs, sondern für diese «Medizinknochen», die zu Pulver zermahlen werden. Man konsumiert sie nicht nur wegen ihrer gesundheitsfördernden Eigenschaften, sondern auch in der Hoffnung, damit die Stärke des Tigers zu erlangen, vor allem seine legendäre Potenz. Diese erlaubt es einem Tigermännchen, über einen Zeitraum von mehreren Tagen hinweg sich mehrmals pro Stunde mit immer neuer Energie zu paaren. Stärkungsmittel und Arzneien, die aus den Genitalien des Tigers gebraut sind, stehen bei reichen Asiaten mit nachlassender Manneskraft in hoher Gunst. Ein getrockneter Penis (der wie ein zusammengerollter Aal aussieht) kann in Singapur oder Taiwan bis zu 2 500 Dollar einbringen. Dort bietet man einen Teller netter heißer Penissuppe für 300 Dollar an. Diese wird konsumiert, um einigen Männern bei ihrem Kampf gegen so entsetzliche Leiden wie Impotenz und Tod mit ihren stärkenden Eigenschaften beizustehen. (In Hongkong konnte man einen köstlich gefälschten und einfallsreich aus Tiersehnen fabrizierten Tigerpenis für den verwöhnten Touristen erstehen – ein Schnäppchen für fünfzehn Dollar.)

In Südkorea waren Tigerknochen auch bei Händlern in traditioneller Medizin oder *hamyak* stark gesucht. Moschustierdrüsen und Gallenblasen von Bären ließen sich ebenfalls blendend verkaufen.

Schon 1975 hatte CITES den internationalen Handel mit Tigern und Tigerteilen mit Ausnahme des Amur-Tigers grundsätzlich verboten. Doch zwischen 1975 und 1992 importierte allein Südkorea 12 000 Pfund Tigerknochen, was einen Jahresdurchschnitt von 675 Pfund ergibt (ein Tiger ergibt 11,7 bis 21,5 Pfund pulverisierter Knochen); von 1988 bis 1992 erfolgte ein steiler Anstieg auf 1 150 Pfund pro Jahr. (Im gleichen Zeitraum importierte dieses kleine Volk also zwischen 52 und 96 tote Tiger pro Jahr.) Vor 1992 waren die Importe überwiegend aus Indonesien gekommen. China folgte mit Abstand auf Platz zwei. In jenem Jahr wurde China, das von den aufstrebenden Wildererbanden in ganz Ostasien kaufte, zum wichtigsten Exporteur getrockneter Tigerknochen. In den nächsten wenigen Jahren stieg der Straßenverkaufswert eines einzigen Tigers auf 25 000 Dollar. In der Zeit von 1990 bis 1994 wurden jährlich geschätzte 60 Tiere gewildert. (Bei einem Preis von etwa 50 Dollar pro Gramm [dem in Japan gezahlten Preis] konnte ein großer tiefgekühlter Tiger aus Primorski Krai, der dem Jäger vielleicht 8 000 Dollar einbrachte, in Form von 15 Kilogramm pulverisierter Knochen einen Endverkaufspreis von 750 000 Dollar ergeben.)

Im September 1993 hatte CITES Taiwan, China, Südkorea und Hongkong vor dem Handel mit Tigerknochen gewarnt und Sanktionen angedroht. In der Folgezeit wurden diese Länder durch einen CITES-Bericht hinsichtlich ihres «Fortschritts» entlastet, obwohl überzeugende Beweise dafür vorlagen, daß China allein zwischen Juni und September dieses Jahres 1,5 Tonnen Tigerknochen – mehr als zweihundert Tiger – an Südkorea verkauft hatte. Im folgenden März kamen Vertreter von zwölf Staaten, in denen Tiger leben – mit

Ausnahme Chinas, das die Konferenz boykottierte –, in Neu-Delhi zusammen, um Informationen sowie Methoden des zukünftigen Tigerschutzes auszutauschen; und im folgenden Monat verhängten die USA, die China nicht vor den Kopf stoßen wollten, Handelssanktionen gegen Taiwan, weil es mit Produkten gefährdeter Tierarten Handel getrieben habe. Vor allem wurden Tiger und Panzernashorn genannt. Es waren die ersten Handelssanktionen, welche die USA zum Schutz wildlebender Tiere erlassen hatten.

1993 verbot China den Binnenhandel mit Tigerknochen, zumindest offiziell, und die anderen asiatischen Staaten schlossen sich an. Nur Nordkorea und Japan (das ebenso hartnäckig an seiner Absicht festhält, weiterhin «zu Forschungszwecken» Wale abzuschlachten) weigerten sich, ihre Märkte zu schließen. 1995 wurden Produkte aus Tigerknochen auf asiatischen Märkten nicht mehr offen verkauft. Diese erleben sogar einen Niedergang. Jedoch ging ein heimlicher Handel weiter, und man nahm an, daß immer noch China dahintersteckte.

Mit dem Zusammenbruch der Sowjetunion hatte die improvisierte lokale Wilderei im Fernen Osten Rußlands krimineller Wilderei im großen Stil Platz gemacht, deren Organisation man der Mafia zuschrieb. Eine Zeitlang schien sie die gravierendste in ganz Asien zu sein. 1993 gründeten russische Behörden und amerikanische Umweltschützer unter Führung der Organisation «Global Survival Net work» eine mobile Einheit zur Bekämpfung der Wilderei. Sie erhielt den Namen «Operation Amba». Sie wurde mit Geldmitteln für fünfzehn Ranger, genügend Fahrzeuge und Ausrüstung ausgestattet, um das gesamte Verbreitungsgebiet von *Panthera tigris altaica* zu überwachen. Sie machte sich im Winter 1994 an die Arbeit. (Organisierte Wilderei findet meist im Winter statt, wenn sich Tiger leicht aufspüren lassen.) Die Amba-Ranger, die dem Befehl eines Beamten aus dem Umweltministerium namens Wladimir Schetinin unterstanden, setzten lokale Informanten ein und nutzten bei ihrer Arbeit Überraschungstaktik und Gerüchte sowie die Medien. Sie schlugen zu und verschwanden wie Guerilleros. Somit waren sie in der Lage, Wilderer und Händler davon zu überzeugen, daß ihre Operationen fast allgegenwärtig waren, was nicht den Tatsachen entsprach. Als schließlich im August 1995 der Tigerschutz auch die Unterstützung von Ministerpräsident Viktor Tschernomyrdin fand, der einen landesweit geltenden Erlaß verfügte, begannen Justizbeamte und die Justiz allgemein ernsthafter auf die Krise zu reagieren.

Die Mitglieder der Operation Amba hatten schnell gelernt, Einheimische einzustellen, auszubilden und mit ihnen zusammenzuarbeiten, sie entsprechend auszurüsten und pünktlich zu bezahlen, was in dem neuen Rußland eine höchst ungewöhnliche Annehmlichkeit war. Mit Hilfe der Einheimischen gelang es, die Gesetzesbrecher zu fangen und die Justiz dazu zu bewegen, sie zu bestrafen. So gelang es Amba und anderen Rangergruppen (den mit ausländischem Geld gesponserten Patrouillen, welche die *sapowedniks* schützen), die organisierte Wilderei einzudämmen. Als ich 1996 nach Sibirien zurückkehrte, nahmen die Tigerbestände langsam wieder zu. Im folgenden Jahr wurden nur elf Tiere gewildert, und die Zahlen sinken weiter. Das liegt zum Teil an der drastischen Verschlechterung der Wirtschaftslage in den asiatischen «Tigerstaaten». Angesichts einer geringeren Zahl von Käufern und eines kleineres Gewinns sahen Wilderer und Händler keinen Sinn darin, eine Gefängnisstrafe zu riskieren.

Inzwischen hatten chinesische Pharmahersteller sich mit Umweltschützern 1998 in Hongkong zu einer internationalen Konferenz getroffen. Sie hatten sich bereit erklärt, nach Ersatzstoffen für Tiger-Medikamente zu suchen, um mitzuhelfen, den Handel mit gefährdeten Tierarten zu reduzieren. Nach der Konferenz verbot China offiziell den gesamten Handel mit Tigerteilen. Heute gibt es einen ausgedehnten Handel mit allerlei obskuren Mittelchen, die nicht aus Tigerknochen stammen, sondern von einheimischen Tieren, aber auch von Leoparden, Bären und Maulwurfsratten oder *sokor* (Maulwurfsrattenwein, *sai-long*, ist anscheinend sehr beliebt). Dennoch heißt es, daß China Tigerknochen für den Tag hortet, an dem der Handel damit wieder erlaubt ist. Was das Tigerzuchtzentrum Hengdaohezi in Heilongjiang betrifft, das eine Zeitlang Hauptquelle der Knochen für einen illegalen Hersteller von Tigerwein gewesen ist, so ist es inzwischen in «Sibirischer Tigerpark» umbenannt worden. Dieser «Park» lebt davon, daß Busladungen chinesischer Touristen, die aus Charbin über den Sungari-Fluß kommen, die lebenden Tiger in ihren Käfigen betrachten und dabei Hähnchen essen.

※

Am frühen Morgen, bei kaltem, klarem Wetter, holten wir Anatolij Astafiew ab, den Direktor des Reservats Sichota-Alin, den ich zuletzt im Frühsommer 1992 bei einem *Sapowednik*-Treffen in Bolsche Chetskir getroffen hatte. Auf dem Flughafen bestiegen wir eine Maschine nach dem südlich von Ternej gelegenen Plastun. Das kleine Flugzeug überflog auf dem Weg zum südlichen Ende der Gebirgskette weite weiße Kartoffel- und Reisfelder und folgte dann dem Osthang des Sichota-Alin in nördlicher Richtung an der Küste.

Diese wilden kleinen Berge des russischen Fernen Ostens sind so gut wie unbewohnt, aber Rollbahnen der Holzfäller mäandern wie Wildwechsel kreuz und quer über die Bergkämme und Hochebenen. Rutschbahnen für gefällte Bäume durchschneiden die Berghänge wie Kratzer riesiger Krallen. Das Holzfällen und der Bergbau sind in dieser Zeit des ökonomischen Niedergangs in Sibirien unvermeidlich, und die letzten noch unzerstörten Flußbecken in Primorski Krai sind Bikin und Samaga im Norden. Tiger und Elche können sich nicht an die von amerikanischen Holzunternehmen bevorzugten großflächigen Kahlschläge anpassen. Zwar geht es ihnen in Regionen mit selektivem Holzeinschlag besser, andererseits erfordert diese Methode leider weit mehr Waldfläche und ein Gewirr von Holzfällerstraßen, welche die Berghänge erodieren lassen, die Flüsse verschlammen und die Wildnis den Fahrzeugen und Waffen nicht nur professioneller Wilderer öffnet, sondern auch Gelegenheitsjägern, die nicht selten die Fahrer der Holzlaster sind.

Der Tiger ist ein außergewöhnlich unverwüstliches Tier, das sich an die verschiedensten Lebensräume anpassen kann wie vielleicht kein anderes großes Säugetier mit Ausnahme des Menschen. Er kann sogar in der Nähe des Menschen überleben (wo dieser es erlaubt oder nicht verhindern kann). Das bestätigt den Gedanken, daß der Lebensraum selbst von zweitrangiger Bedeutung ist, solange er den Tiger mit genügend Nahrung versorgt. Inzwischen hat man eingesehen, daß die Aufrechterhaltung der Beutetierdichte das wichtigste Element beim

Lebensraumschutz darstellt. Feldbiologen, die seltene Tiere erforschen, haben erkannt, daß sie sich nicht länger auf reine Feldforschung beschränken dürfen, sondern auch als Naturschützer tätig sein müssen. Ihnen ist klargeworden, daß sie das Zusammenleben aller Tiere «steuern» müssen, damit ihnen ihre Studienobjekte nicht unter den Augen wegsterben. In den letzten Jahren haben Feldforscher sich sogar die Bezeichnung «Naturschutzbiologen» gegeben. Und «das ist auch in Ordnung», mahnt Maurice Hornocker, «aber man muß mit der Biologie beginnen».

Die Forschungen des Sibirischen Tigerprojekts hatten schon deutlich gemacht, daß die spärliche Ernährungsgrundlage infolge zu geringer Beutetierdichte für den Amur-Tiger eine weit ernstere Bedrohung darstellte als die Zerstörung seines Lebensraums oder auch nur gemäßigte Wilderei. So sind kleine und große Huftiere in Südostasien und auf dem Indischen Subkontinent weit häufiger als in diesen Wäldern im Norden: Auf 1275 Quadratkilometern mit Laubwald und hohem Gras in Nepal beispielsweise können fünfzig Tiger reichlich Nahrung finden, während ein etwa gleich großes Territorium in der Taiga, wo Beutetiere selten sind und verstreut leben, vielleicht nur vier oder fünf Tiger ernährt. Und selbst diese wenigen Tiere wären genötigt, sich bei der Jagd weit mehr anzustrengen, besonders die Weibchen, die Jungen zu versorgen haben.

Das gesamte verbleibende Verbreitungsgebiet von *Panthera tigris altaica* im Fernen Osten Rußlands von Chabarowski Krai nach Süden über Primorski Krai zur nordkoreanischen Grenze beträgt schätzungsweise 153 000 Quadratkilometer, von denen etwa 7 Prozent als *sapowedniki* ausgewiesen sind. Während die meisten Tiger in Primorski Krai lebten, streiften – wie es in einer 1996 erstellten Untersuchung hieß – immer noch achtundvierzig bis dreiundfünfzig erwachsene Tiger – etwa 14 Prozent der gesamten Population – in Chabarowski Krai umher. Das entspricht etwa der Grenze des nördlichen Verbreitungsgebiets von Elch und Wildschwein. In dieser gesamten Region lebte die Mehrheit außerhalb der Reservate, doch im Winter 1995 gab es in den Reservaten vier- bis zehnmal mehr Beutetiere als außerhalb, und somit waren auch die Tiger zahlreicher geworden. Die Populationen an jagdbarem Wild, dem erbarmungslos nachgestellt wurde, seit die staatliche Kontrolle der Feuerwaffen Mitte der achtziger Jahre gelockert wurde, waren jetzt so gesunken, daß die Lebensräume außerhalb der Reservate an die Grenzen ihrer Aufnahmefähigkeit für Tiger gestoßen waren. (Die Tiger-Dichte im gesamten gegenwärtigen Verbreitungsgebiet am Amur ist auf ein Tier pro 500 Quadratkilometer geschätzt worden gegenüber vier Tieren im Sichota-Alin-Reservat und zweiunddreißig Tigern im nepalesischen Chitwan.)

Das Sichota-Alin-Reservat, etwa 870 000 Morgen oder 3 442 Quadratkilometer, ist das größte Rußlands; Indiens größter Tigerschutzpark ist Kanha, etwas mehr als ein Viertel dieser Fläche. Dennoch leben in Kanha bis zu 110 Tiger gegenüber zwanzig bis dreißig im Sichota-Alin-Reservat. Männliche Tiere der Art *Panthera tigris altaica* müssen auf einer riesigen Fläche von 382 Quadratkilometern (gegenüber den gut 20 Quadratkilometern, die man für männliche Tiger in Chitwan schätzt) jagen, müssen alten Wildpfaden über Bergkämme und durch Flußbetten folgen, bewaldete Hügel umrunden, um bei ihrer endlosen Jagd nach Elch und Wildschwein die rund zehn Pfund Fleisch zu erlangen, die jeden Tag nötig sind. Weibchen dürften eine nur unwesentlich kleinere Region durchstreifen. Da der Aktionsradius eines Weibchens stark eingeschränkt ist, wenn es Junge hat, die in der Nähe versteckt sind, kann es nicht überraschen, daß die Fortpflanzungsraten der Art *altaica* in der Wildnis auffallend geringer sind als bei *Panthera tigris tigris*. Auch die Größe der Würfe ist geringer; bei Amur-Tigern gibt es 1,7 Junge pro Wurf verglichen mit 2,8 in Chitwan und Kanha. Wissenschaftler des Sibirischen Tigerprojekts glauben, daß solche auffälligen Abweichungen die knappere Ernährungsgrundlage dieses nördlichen Verbreitungsgebiets und die Beschränkungen widerspiegeln, denen sich eine Tigerin bei ihrer Jagd ausgesetzt sieht; sie glauben deshalb, daß man hier ein riesiges Gebiet mit einer unberührten inneren Region von mindestens 1 000 Quadratkilometern bewahren muß, um eine lebensfähige Tigerpopulation zu tragen, da kleinere Reviere meist über weniger Beutetiere verfügen, die überdies stärker durch einheimische Jäger bedroht sind.

Mit einer kaum nennenswerten Bevölkerung und neben Holzwirtschaft und Bergbau unbedeutenden Industrie ist dieses Küstengebirge von allen asiatischen Verbreitungsgebieten des Tigers die bei weitem größte zusammenhängende Region mit einem lebensfähigen Habitat. Das Sibirische Tigerprojekt, das seiner Planung die neuen GIS-Karten zugrunde legt, ermunterte zum Erwerb von größeren Ländereien als Bestandteil eines vorgeschlagenen Netzes bewaldeter Gebiete, das sich über 1000 Kilometer erstrecken sollte, angefangen beim nördlichsten Vorkommen von Elch und Tiger in Chabarowski Krai bis zum Lasowski-Reservat, einem kleinen *sapowednik* an der Küste nordöstlich von Wladiwostok, das ich durch die Seitenscheibe des Flugzeugs zu orten versuchte. «Laso» ist kleiner als Sichota-Alin, aber auch ein besserer Lebensraum für Tiger; das Reservat hat weniger Koniferen in einem eher südlich ausgeprägten Hartholzwald und trägt somit eine dichtere Population von Beutetieren. Man gebe einem Tiger ein gutes Habitat, sagt Howard Quigley, in dem es etwas zu fressen gibt. Wenn man ihm zeigt, wie er hinkommt, wird er kommen.

Um die Zersplitterung und Isolation von Tigerpopulationen zu vermeiden, zu denen es in Indien und anderswo gekommen ist, sollten die vorhandenen Reservate durch neue Nationalparks ergänzt werden, aber auch durch *sakasniks* oder Zonen «traditioneller Nutzung», in denen die Jagd und das Sammeln von Beeren und Kräutern erlaubt sind. Alle diese Gebiete sollten durch Waldkorridore miteinander verbunden werden, auf denen die Tiger durch die bewirtschafteten Zonen hindurch von einem Habitat zum nächsten wandern könnten, ohne mit Bergbau oder Holzwirtschaft in Berührung zu kommen. Nach diesem Vorschlag würde das so verbundene Habitat sowohl innerhalb der Reservate als auch außerhalb etwa 68 850 Quadratkilometer ausmachen, etwa die Fläche von Florida oder Sumatra.

Nördlich von «Laso», gleich neben der Spitze der Tragfläche, lag der schneebedeckte Gipfel Oblatschnaja oder «Wolkengipfel», der mit 1855 Metern der höchste in Sichota-Alin ist. An der Küste lag das «Südtal», ein Jagdgebiet von rund 1625 Quadratkilometern, das sich sehr gut als Bindeglied zwischen geschützten Ländereien eignet. Mit Hilfe des Fonds «Rettet den Tiger» war das Südtal vor kurzem von den

Mitarbeitern des Projekts gepachtet worden, da dies eine rasche und innovative Möglichkeit bedeutete, Territorium ohne bürokratische Verzögerungen zu sichern, womit die Bestände von Elch und Wildschwein zum Nutzen von Jägern und Tigern zugleich gesichert werden konnten.

Die Gebirgstäler öffneten sich bei Kavalierowa und dann bei der Bergbausiedlung Dalnegorsk – dort wird neben Bor und Silber auch Blei und Nickel gefördert –, wo sich überall Abraumhalden auftürmen sowie übelriechende Tümpel in allen Farben des Regenbogens schillern. Kurze Zeit später legte sich die Maschine über dem Meer in die Kurve nach Osten. Die See war dunkelblau und winddurchtost. Überall am Strand waren Eisschollen aufgetürmt. Dann bog das Flugzeug wieder nach Westen und setzte gegen den Wind zur Landung in Plastun an, einem neuen Hafen, von dem Lastwagenladungen mit Stämmen der schönen Koreanischen Kiefer nach Japan verschifft werden. Diese wertvolle Baumart, die Zapfen für Hirsch und Wildschwein liefert und somit ein gutes Habitat für Tiger abgibt, wird die erste Baumart sein, die «abgegrast» sein wird.

Von Plastun führt die Küstenstraße achtzig Kilometer weiter nach Norden. Sie durchquert den südöstlichen Teil des Reservats, bevor sie in Ternej endet. Nördlich des Reservats gab es neue Holzeinschläge. Nach Süden fahrende Laster, die hoch mit Tannen, Fichten und Koreanischer Kiefer beladen waren, waren die einzigen Fahrzeuge, denen wir begegneten. Die Schotterstraße, die hier und da auf einigen Abschnitten asphaltiert war, nach irgendeinem Muster, das selbst die Einheimischen nicht ergründen können, überquert die Berge im Südteil des Reservats, nicht weit vom Meer entfernt. Auf der Seeseite, zweiunddreißig Kilometer südlich von Ternej, wachsen am Straßenrand Erlen, bis man einen niedrigen Bergkamm mit Eichen erreicht; westlich der Straße befindet sich ein steiler Abhang, auf dem Lärchen, Birken und Pappeln bis zum Grund des Kunalaika-Tals wachsen. Auf der anderen Seite erhebt sich das Tal zu langen, mit Kiefern bewachsenen Bergkämmen, die langsam höher werden, bis sie den schneebedeckten Zwillingsgipfel mit dem Namen «das Kamel» erreichen. Hier hielt unser Fahrzeug am Straßenrand, und wir stiegen aus.

Die Zeichnung über den Augen eines Tigers ist so einzigartig wie ein Fingerabdruck

Wildlebende Tigerin mit ihrem Jungen

Sibirische Tiger und Sumatra-Tiger (rechts unten)

Junge Tiger beim spielerischen Kampf

Bei der Siesta und an der Tränke

Im Oktober 1992, wenige Monate nach meinem ersten Besuch, war die Tigerin Lena wieder inaktiv geworden, und die Wissenschaftler nahmen an, daß sie sich um ihren ersten Wurf kümmerte. Ende November wurde ihr Signal stationär. Dale Miquelle, der sich sehr besorgt zeigte, hatte es bis zu dieser Stelle jenseits der Küstenstraße vom Kunalaika-Tal verfolgt. Dort fand er ihr Funkhalsband. Es war ihr vom Hals geschnitten worden, und wer immer sie getötet hatte, hatte es in den Schnee geworfen. Von den Jungen war nichts zu sehen.

Da Lena das erste «markierte» Tier war, das Junge geboren hatte, war sie für viele Aspekte der Tigerstudie von entscheidender Bedeutung gewesen. Der untröstliche Miquelle war zornig nach Ternej zurückgeeilt, um zu berichten, was sich ereignet hatte. Jewgenij Smirnow und Anatolij Astafiew, die von einem Waldhüter und einem Polizeibeamten begleitet wurden, kehrten mit Miquelle zurück, um den Tatort zu untersuchen. Während sie auf der Straße standen, entdeckte Smirnow im Gebüsch eine Bewegung, und einen Moment später sahen die Männer vier Tigerjunge, die durch Schnee und Erlengestrüpp mühsam bergauf taumelten. Miquelle machte sich sofort an die Verfolgung, konnte sie aber nicht einfangen. Die noch nicht entwöhnten und ausgehungerten Jungen, die immer noch auf ihre Mutter warteten, hatten am Tatort getreu Wache gehalten.

In Ternej wurde ein Trupp von neun Männern aufgestellt, die sich am nächsten Morgen wieder an den Ort des Geschehens begaben. Als die Männer durch die Erlen hügelan stapften, habe er sich bemüht, erzählte Dale, den Suchtrupp auf Linie zu halten, doch seien die Russen nicht mehr zu bremsen gewesen und losgerannt, als sie eine Fährte gefunden hatten, und damit habe sich die Reihe aufgelöst. Trotzdem fand ein Waldhüter kurze Zeit später zwei Junge, die sich versteckt hatten. Er hob eins davon auf, preßte es an die Brust und rief um Hilfe, als er weiterstolperte, um das zweite zu verfolgen. Inzwischen hatten Astafiew und seine Männer das dritte und vierte Junge entdeckt, die sich rücklings in einen hohlen Baum geflüchtet hatten. Die beiden wurden behutsam herausgezogen, wobei sie ein frühreifes Knurren und Gebrüll hören ließen, doch dies gelang erst dann, nachdem einige ihrer Retter gekratzt oder gebissen worden waren. Obwohl die Jungen erst ein paar Wochen alt waren, hatten sie schon die Größe ausgewachsener Luchse.

Männliche wie weibliche Tiger werden mit drei bis fünf Jahren geschlechtsreif. Bei jedem Wurf werden ein bis vier Junge geworfen, obwohl meist nur ein oder zwei überleben und bei der Mutter bleiben. Zwei von Lenas Jungen starben, kurz nachdem sie eingefangen worden waren, an genetischen Anomalitäten, aber die beiden Überlebenden wurden einen Monat später auf eine 8000 Kilometer lange Reise in die USA geschickt. Sie wurden von Howard und Kathy Quigley begleitet. Im Zoo von Omaha wurden sie in ein Zuchtprogramm für gefährdete Tierarten aufgenommen, und im nächsten Frühling wurde das junge Weibchen nach Indianapolis gebracht, wo das Zoopersonal ihr zum Andenken an ihre Mutter den Namen Lena gab.

(Unter den gut 1000 Tigern, die heute die Zoos der Welt bewohnen, haben nur die Arten *altaica* und *tigris* in Gefangenschaft wohletablierte Abstammungslinien entwickelt; es gibt weit mehr *altaica*-Tiger in Käfigen als im Fernen Osten Rußlands. Die Unbeständigkeit des *Homo sapiens* und das Charisma von *Panthera tigris tigris* bringen es mit sich, daß Tausende weiterer Tiger von zweifelhafter Herkunft – ausgesonderte Tiere aus Zoos, ausgemusterte Tiger von Zirkusunternehmen und ähnliche – in der ganzen Welt in privaten Menagerien gehalten werden; geschätzte 2000 dieser Tiere [zusammen mit etwa 1000 Löwen] residieren in Texas, genug für eine eindrucksvolle Herde auf der King Ranch, der größten Ranch der Welt.)

Maurice Hornocker hatte bei der Ankunft der verwaisten Jungen in den USA für reichlich Wirbel in den Medien gesorgt, so daß genügend Spendengelder für Maßnahmen zur Bekämpfung der Wilderei im Reservat zusammenkamen. Um diese Zeit gab es nur wenige Straßen für Holzfäller, und die voraussichtlichen Kosten für einen wirkungsvollen Streifendienst lagen bei etwa 30000 Dollar – je 4000 bis 6000 Dollar für zwei russische Jeeps sowie die sehr bescheidenen Gehälter der Wildhüter. Inzwischen arbeiteten die Streifen und waren bislang auch erfolgreich gewesen. Das lag zum Teil daran, daß die Ranger jetzt von Polizeibeamten aus der Gegend begleitet wurden, die befugt waren, Verdächtige festzunehmen. Seit Lenas Tod 1992 war im

Reservat kein markierter Tiger mehr getötet worden, obwohl einige andere außerhalb der Reservatsgrenzen erschossen worden waren.

∽

An unserem ersten Abend in Ternej kochte eine Witwe aus der Stadt, Emma Alexandrowna, heißen Borschtsch und Elchklöße – *pelmeni* –, die sie uns zum Abendessen vorsetzte. Am folgenden Abend ging ich mit Dale zu Emmas Haus, um unser leckeres Dinner abzuholen – Fischsuppe, Fleischklößchen aus Elchfleisch und zusammengerollte eßbare Spitzen von Farnen, die im letzten Frühjahr gesammelt und für den Gebrauch im Winter gesalzen und in Öl gelegt worden waren. Da wir abends meist Elchfleisch aßen, fragte ich mich unwillkürlich, wie viele Tiere in diesem Ort jährlich konsumiert wurden – das heißt also, wie viele Elche im Lauf eines Jahres dem Tiger als Beutetiere entgingen.

Eines Abends kamen wir auf den schneebedeckten Bergkämmen zwischen Ternej und dem Kunalaika-Tal an drei am Straßenrand geparkten Fahrzeugen vorbei. Aus den erleuchteten Wagen starrten uns bleiche Gesichter unter dunklen Pelzmützen an. Da es inzwischen schon dunkel war und draußen bittere Kälte herrschte, ließ sich unschwer erraten, warum diese Männer auf der Straße warteten. Sie hatten nichts Gutes im Sinn.

Dank der neuen wirtschaftlichen Möglichkeiten war Ternej in eine Phase des Aufschwungs eingetreten. Unser lachsfischender Freund Wolodja Welitschko, der dem Wodka zeitweilig abgeschworen hatte, war jetzt stolzer kapitalistischer Eigentümer einer Tankstelle, und selbst das schwergeprüfte *sapowednik* hatte einen bescheidenen Aufschwung erlebt. Es hatte jetzt ein neues Gebäude und neue Computerausrüstung, was besser zu dem neuen Prestige paßte, das die Unterstützung des Tigerprojekts und die internationale Zusammenarbeit dem Reservat einbrachten. Das Projekt wiederum hatte sichtlich von der hiesigen Beliebtheit Dale Miquelles profitiert. Wie in so vielen Holzfällerstädten im Nordwesten der USA an der Pazifikküste waren die Jäger und Holzfäller der Gegend von Natur aus mißtrauisch, ja sogar feindselig, wenn es um Bürokraten und Wissenschaftler ging, die unter Umständen ihre Existenzgrundlage bedrohten, aber

Dale ist gutmütig und fröhlich und auf russische Art zäh, während Howard Quigley still, humorvoll und unkompliziert ist. Beide Männer waren allgemein beliebt und hatten das Vertrauen der Russen. Unter den vielen Leuten, die sie auf der Straße grüßten, war auch ein junger Bauer, der auf seinem nördlich des Flusses gelegenen Bauernhof ein paar Rinder an Raubzüge der Tigerin Olga verloren hatte. Der Mann unterstützte das Tigerprojekt trotzdem. Das Häuschen, in dem wir hoch oben auf einem Hügel wohnten, bot eine schöne Aussicht auf den zugefrorenen Serebrjanka-Fluß. Ein Traktor zog gerade einen großen Wagen mit Klafterholz übers Eis. Seit Arseniews Besuch hatten Gezeiten und Wind Sand aufgetürmt und die Bucht in eine Lagune verwandelt. Auf der Nordseite hatten sich hohe Dünen gebildet, doch zwischen Düne und Landspitze war an der Flußmündung das Meer zu sehen.

Howard Quigley zeigte die tiefgelegene Stelle zwischen den Dünen in Sichtweite des Dorfs, wo Olga – Tiger Nummer 1 – bei Beginn des Projekts gefangen worden war. Als ihre Batterien vor einem Jahr den Dienst versagten, mußte man sich mit einem Hubschrauber auf die Jagd nach ihr begeben, um sie wieder einzufangen. Das brachte sie derart in Wut, daß sie auf einen Baum kletterte und mit den Krallen durch die Luft fuhr, um diese Maschine und ihren schrecklichen Krach loszuwerden. (Bei solchen Maßnahmen muß der Hubschrauber in der Luft schweben, während der Pfeil trifft und der bewußtlose Tiger auf dem Erdboden zusammensackt. Danach werden die Zoologen abgeseilt. Sie hoffen, daß der Patient lange genug ohnmächtig bleibt, so daß sie ihre Arbeit erledigen können. Wie Quigley sagt: «Das ist kein Abenteuer für schwache Gemüter», ein Satz, mit dem das gesamte Projekt gut charakterisiert ist.)

In seinem Büro im Hauptquartier des Reservats erneuerte ich meine Bekanntschaft mit Jewgenij Smirnow, der mir einen Tigerschädel mit einem zertrümmerten Unterkiefer zeigte. Dieses Tier hatte sich anscheinend an ein Pferd in dessen Gehege am Rand des Dorfs herangepirscht. Das Pferd hatte ausgekeilt und dem Tiger mit dem Huf einen Eck- und einen Schneidezahn ausgeschlagen sowie einen kleinen Knochen gebrochen. Trotzdem jagte der Tiger auch weiterhin Pferde.

Mitte April 1985, so Jewgenij, habe er im Dorf das Pferd eines Rangers angegriffen. Man habe den Tiger mit Gewehrfeuer verjagt. Dieser habe dann den Versuch gemacht, über den Serebrjanka-Fluß zu flüchten und sei dabei in dem dünnen Eis eingebrochen. Zwei Wochen später, nach der Eisschmelze, habe man den Kadaver geborgen.

Dr. Smirnow saß an jenem Nachmittag im November 1992 beim Tee, als Miquelle mit der schlechten Nachricht hereinplatzte, er habe Lenas zerschnittenes Halsband in der Nähe der Küstenstraße im Schnee gefunden. «Wenn ich die Erlaubnis hätte, den Wilderer Lenas zu töten, würde ich es tun», sagte Smirnow mit zusammengebissenen Zähnen, mehr als drei Jahre nach diesem Ereignis. «Es würde mir Freude machen, eine solche Pflicht zu erfüllen.»

Im Juli 1993 wurde ein Wildhüter namens Viktor Naumenko mit einem Tigerfell erwischt und wegen Wilderei verurteilt. Die Strafe wurde jedoch zur Bewährung ausgesetzt. Anschließend stellte das Jagdministerium den Mann sofort wieder ein, und zwar als Naturschutzbeamten, dem die Aufgabe oblag, Wilderer zu verfolgen. Smirnow glaubt, daß mehr als 95 Prozent aller Wilderer von den Straßen aus auf die Tiger schießen. Meist seien es Freizeitjäger und LKW-Fahrer, die nach Elchen und anderem Wild Ausschau hielten. Smirnow, ein kleiner Mann mit einem mürrischen Gesicht, in dem plötzlich ein Lächeln aufblitzte, fügte nachdenklich hinzu: «Solche Leute würde ich auch erschießen. Ein richtiger Wilderer ist mir lieber als jemand, der für den Naturschutz zuständig ist.» Da Dorfbewohner Miquelle und Smirnow erzählt hatten, daß Naumenko mit der Tat geprahlt habe, waren sie überzeugt, daß dieser Mann auch Lena umgebracht hatte, aber ihnen war auch klar, daß in diesen wirtschaftlich so schwierigen Zeiten weder Polizei noch Justiz sich sonderlich für solche Fälle interessierten.

Da ich gehört hatte, daß gerade eine neue russische Gruppe namens Phoenix gegründet wurde, die sich dem Umweltschutz widmen wollte, fragte ich, ob die Russen nach der Abreise der Amerikaner mit dem Tigerprojekt weitermachen würden. Smirnow zuckte die Schultern. «Wir würden gern weitermachen, aber zunächst müssen wir etwas an den Voraussetzungen ändern. Heute gibt es nicht mal mehr Medikamente für die Krankenhäuser, geschweige denn Betäubungspatronen für Tiger», bemerkte er trocken. Immerhin stünden diese großartigen Projekte inzwischen in der Verantwortung der ganzen Welt, wie etwa Sichota-Alin und der Baikalsee zeigen, die als «internationale Biosphärenreservate» anerkannt seien. Wenn das Projekt Erfolg haben solle, fuhr er fort, würde es weiterhin Unterstützung aus Amerika und anderen aufgeklärten Staaten brauchen.

※

Ein kalter, klarer Tagesanbruch. Temperatur -20° C. Dünner Rauch aus ein paar Kaminen im Dorf stieg vor den dunklen Felsvorsprüngen auf, als ich gespaltenes Holz für unseren Ofen und einen Eimer Wasser von der Pumpe holte. Das Klohäuschen war trotz seines aufregenden Blicks stromabwärts zum Meer hin in dem sibirischen Winter kein Ort zum Trödeln. Und kurz darauf ging von Japan her eine kalte Sonne auf, die den erstarrten Fluß mit einer zinnfarbenen Glasur überzog.

Auf dem Flugfeld erkannte ich den plumpen alten Doppeldecker, die Antonow AN-2 in ausgebleichtem Grau und Orange – genau die Art von Kiste, die man am hinteren Ende des entlegensten Landestreifens in der Dritten Welt zu sehen erwartet, die ganze Unterseite von Unkraut und Buschwerk verdeckt. Nach mühseligem Anwärmen mit einem Warmluftgebläse sprang der unterkühlte Motor träge an und begann sich stotternd zu drehen. Wind und Kälte begleiteten uns in die kalte Metallkabine, als die Maschine laut aufheulend im Zickzack den Landestreifen hinunterfuhr. In der Kabine schien die vibrierende Maschine noch langsamer und lauter zu sein als 1992 und auch viel kälter, aber sie war mehr oder weniger in der Luft – wir flogen. Valerij, der Pilot, stieg auf ein paar tausend Fuß, um sicherzustellen, daß keins der Tiger-Signale durch die Berge abgeschnitten wurde, bog dann nach Süden an der Küste entlang in Richtung Blogowatna ab, einem wunderschönen See hinter den Dünen, wo ich in jenen kühlen Frühsommertagen 1992 durch Wälder, über Felsen und am Strand gewandert war, um nach Vögeln Ausschau zu halten.

Die neun «markierten» Tiger wurden alle zwei Wochen aus der Luft überwacht, damit die Wissenschaftler sicher sein konnten, daß sie immer noch lebten und sendeten. Alle bis auf zwei waren Tigerinnen, was nicht anders zu erwarten war. Das Verhältnis weiblicher und männlicher Jungen ist zwar mehr oder weniger gleich, aber wenn die Tiere erwachsen sind, kommen meist zwei bis vier Weibchen auf jedes Männchen. Dies liegt daran, daß die Tigerinnen länger bei ihren Müttern bleiben und sich danach nicht weit weg auf vertrautem Territorium niederlassen, während ein männlicher Jungtiger, der sich gegen Ende seines zweiten Lebensjahrs in unbekanntes, feindseliges Gelände aufmacht, sich erheblich größeren Gefahren durch Jäger und Wilderer ausgesetzt sieht, von den Unfällen oder Verletzungen abgesehen, die er aufgrund seiner Unerfahrenheit beim Beutemachen erleiden kann; wenn er versucht, ein Revier zu übernehmen und sich die Tigerinnen zu sichern, deren heimatliches Revier sich mit einem anderen überschneidet, muß er oft gegen ein älteres und größeres Männchen kämpfen und Verletzungen hinnehmen, die tödlich sein können.

Tiger Nr. 5 – die Tigerin Katja, die Lenas Revier zwei Jahre nach deren Tod übernommen hatte – zeigte sich seit kurzem häufiger am Blogowatna-See. Ebenso Tiger Nr. 9, ein Männchen namens Geny. Geny hatte viel Zeit in der Umgebung von Ternej verbracht, was niemandem Freude gemacht hatte. Wie es schien, hatten sich Katja und Geny gepaart. Dieser war Anfang Dezember drei Tage lang mit ihr zusammengewesen. Diese Liaison wurde entdeckt, weil sich das Pärchen in der Nähe der Straße hielt und äußerst geräuschvoll war – nicht ungewöhnlich bei Tigern, die sich leidenschaftlich paaren. Um sie vor Wilderern zu schützen, hatten die neuen Wissenschafter des Projekts, ein junges Paar namens John Goodrich und Linda Kerley, das Liebesgeschrei der Tiere überwacht. Später wurden sie von Katja bedroht, als sie sich unabsichtlich ihrem Lager im Einzugsgebiet des Kumami näherten; die Tigerin zog sich erst dann zurück, als sie eine Wolke aus Pfefferspray zu spüren bekam, wie man es in Nordamerika benutzt, um Bären zu vertreiben. Anscheinend hatte Katja einen ersten Wurf verloren. Vielleicht waren ihre Jungen an Krankheit oder Schwäche eingegangen oder Wölfen, Luchsen, Bären oder anderen Raubtieren zum Opfer gefallen, die den Bau entdeckt hatten, vielleicht auch einem anderen Tiger.

Weil sich sein großes Revier nur schwer verteidigen läßt, wird ein Männchen von einem stärkeren Tiger oft erst nach zwei oder drei Jahren vertrieben; Weibchen halten sich länger in ihren Revieren. In einem guten Beuterevier kann eine Tigerin unter normalen Bedingungen alle zwei oder drei Jahre Junge werfen, aber wenn ein neues Männchen die Macht in ihrem Heimatrevier übernimmt, kann es sein, daß es die Jungen seines Vorgängers tötet, um die Tigerin acht Monate früher empfängnisbereit zu machen; so räumen die meisten männlichen Fleischfresser – übrigens auch Primaten – ihren eigenen Genen möglichst schnell alle Hindernisse aus dem Weg, bevor sie selbst getötet oder von neuen Konkurrenten vertrieben werden. (Bei monogamen Arten, die sich meist für das ganze Leben binden, widmet das Männchen seine Energie dem Schutz und der Aufzucht der Jungen, statt sie zu fressen.)

Katjas Signale wurden weiter westlich im Kunalaika-Tal geortet, direkt unterhalb der Stelle an der Küstenstraße, an der Lena getötet worden war. Die Maschine ging in die Flußsenken hinunter, die überwiegend kahl waren. Hier und da waren große Pappeln zu sehen sowie Birken und ein paar Fichten, doch als wir aus dem langsam dahinfliegenden Flugzeug nach Katja Ausschau hielten, oft nicht mehr als 90 Meter über dem Erdboden, konnten wir sie nicht finden. Unser furchtloser Pilot, dem Dale im Nacken saß, flog acht- oder zehnmal in geringer Höhe über den vermuteten Standort der Tigerin hinweg und drosselte den dröhnenden Motor, so daß er die Maschine fast überzog. Der vibrierende Rumpf schien mitten in der Luft innezuhalten; der Pilot gab diesen Wahnsinn erst auf, als die uralte Maschine dem Berghang so nahe kam, daß sie dem eigenen Luftstrudel ausgesetzt war und mit einem Ruck auf den bewaldeten Abhang zuflog. Endlich hatte der gute Valerij genug davon, die Maschine ging mit lautem Dröhnen in den Steigflug und verließ das Kunalaika-Tal.

Da Geny sich anscheinend mit Katja gepaart hatte, hatte er die Gegend um Ternej verlassen und sich quer über die schneebedeckten Bergkämme weit nach Süden begeben. Die große Nähe ihrer beiden Signale sagte uns, daß er sich gegenwärtig um Tiger Nr. 3 (Natascha) und ihre beiden erwachsenen Jungen kümmerte, die sich später in diesem Frühling wahrscheinlich selbständig machen würden. Die vier Tiger waren in einer verschneiten Senke in einem Fichtenhain versteckt, und trotz aller kunstvollen Flugmanöver Valerijs bekamen wir sie nicht zu sehen. Ich begann schon zu fürchten, daß uns das Glück nicht hold sein würde und wir keine Tiger zu sehen bekämen.

Die Maschine ging in den Kurvenflug nach Süden und Westen und verließ das Reservat, als wir den Djigit-Fluß überquerten. Dann flogen wir im Kreis über einen Nebenfluß zurück, wo Dale ein Signal empfing. Die Maschine flog kreuz und quer über das Tal hinweg, machte einen weiten Bogen über einen Holzfällerweg, und dort sah ich den ersten wildlebenden Tiger meines Lebens, der in einer Wolke von Pulverschnee in mächtigen Sätzen über die weiße Fläche lief. Da die tiefstehende Wintersonne sich im Schnee spiegelte, sah ich nur diese schwarze, dahinstürmende Silhouette. Dieses Bild rief mir den Glauben der Tungusen ins Gedächtnis, daß Tiger, die sich an ihre Beute anschleichen, die Sonne dazu benutzen, die Beutetiere zu blenden, um dann bei Tagesanbruch oder Sonnenuntergang wie eine auflodernde Flamme aus diesem wilden Feuerball hervorzuspringen.

Der Tiger überquerte die Rollbahn und stürmte auf eine große, freistehende Fichte zu. Ich schrie Howard an, der sich rechtzeitig umdrehte, um die Tigerin zu sehen. Ich stürmte ins Cockpit, um Dale und Valerij den Standort des Tigers zu zeigen. Unser furchtloser Pilot warf seinen letzten Rest von Umsicht über Bord, umkreiste die Fichte immer enger und enger, als hätte er vor, in einer schwarzen Rauchsäule aus Motoröl zu verschwinden, so wie sich diese kreisenden Tiger in *Little Black Sambo* in einem goldenen Ring aus feiner Büffelmilchbutter aufgelöst hatten. Doch Tiger Nr. 21, die Tigerin Nadia, hatte diesen einsamen Baum inzwischen verlassen und rannte auf einen nahen Hain aus Nadelbäumen zu, denn als die Maschine sich gerade über den Baumwipfeln zur Seite neigte, sah ich, wie sich das prachtvolle Geschöpf mit dem warm leuchtenden Fell aus verbranntem Orange inmitten der sonnenbeschienenen immergrünen Bäume auf der weißen Schneefläche auf mich zubewegte. Da Nadia selbst das Gefühl hatte, versteckt oder zumindest sicher zu sein, machte sie sich gar nicht erst die Mühe, nach oben zu blicken oder die Richtung zu ändern. Sie lief unbeirrt auf dem funkelnd weißen Korridor zwischen den Kiefern weiter. Dann hatte die Maschine sie hinter sich gelassen, und die Tigerin war verschwunden. Ich lehnte mich seufzend und mit einem breiten Grinsen der Zufriedenheit zurück.

Tiger Nr. 12, ein 360 Pfund schweres Männchen (das nach Dr. Miquelle den Name Dale erhielt), wurde in einem Birkenhain auf einem hohen Felsvorsprung geortet. Da er sich nirgends verstecken konnte, muß er reglos in dem sonnenbeschienenen Schnee gelegen und hochmütig auf das alte Flugzeug gestarrt haben, das in Augenhöhe lärmend an ihm vorbeiflog und ihm die königliche Aussicht verdarb. Trotz Valeris wahnsinnigen Bemühungen konnten wir ihn in der spärlichen Deckung kleiner Bäume nicht sehen, und so wandten wir uns wieder dem nördlichen Teil des Reservats zu, wo Tiger Nr. 4 (Maria Iwanowna, die auch unter dem Namen Marihuana oder Nirwana geführt wurde) meist gleich außerhalb der Reservatsgrenzen zu sehen war. Da Raben aufflatterten, schien sie ein Beutetier gerissen zu haben, aber Marihuana war nicht zu sehen, Olga ebenfalls nicht, die in dieser Zeit von einem weiblichen Jungtier begleitet wurde. Der alte Doppeldecker kehrte nach Süden zurück und flog an der felsigen Küste entlang, wo Maurice Hornocker und ich 1992 beim Lachsfischen mit Wolodja auf den Felsen am Meer zwei Ziegenantilopen gesehen hatten. (Danach waren im Lasowski-Reservat zwei Ziegenantilopen von Wilderern von der See aus mit automatischen Waffen von den Felsen heruntergeschossen worden.)

◎◎

Als wir Ternej am nächsten Morgen mit Anatoli Astafiew um sieben Uhr verließen, lag das Küstengebirge immer noch in tiefer Dunkelheit da, und obwohl die Sonne eine Stunde später die Baumwipfel auf dem Felsen in ein gezacktes Feuer tauchte, blieb die Luft im Würgegriff der arktischen Kälte.

Seit drei Jahren bemühte sich Astafiew, das Reservat um ein 486 Quadratkilometer großes Stück Land in den Bergen weiter westlich zu erweitern. Weil das Sibirische Tigerprojekt diese Bemühungen durch Mithilfe bei der Finanzierung im Ausland unterstützt hatte, hatte Anatoli einen Besuch in dem Erweiterungsgebiet arrangiert. Das würde uns Gelegenheit bieten, mit besorgten Forstfachleuten und Bewohnern des im Hochland gelegenen Holzfällerdorfs Melnitschnoje zu sprechen, wo die regionale Wirtschaft betroffen sein konnte. Wir wollten versuchen, das herrschende Mißverständnis auszuräumen, daß die Tiger sich in einem fatalen Konkurrenzkampf mit den Jägern der Gegend befanden.

Am Djigit-Fluß folgt eine Straße, die nach Westen über die Berge zum Ussuri-Tal führt, der Südwestgrenze des Reservats und steigt allmählich in höheres und kälteres Land auf. Einer demographischen Karte an der Wand unseres Häuschens zufolge hatte diese Region des Ussuri-Gebiets wie der größte Teil Sibiriens eine Bevölkerungsdichte von null bis zu einem Menschen pro Quadratmeile (Quadratmeile = 2,589 Quadratkilometer). Während der vierstündigen Fahrt von Ternej nach Melnitschnoje unterbrach kein einziges Anzeichen menschlicher Besiedlung die ungeheure Weite der Wälder. Unscheinbare Schneefinken sausten quer über die verschneite Straße und den Fluß wie vom Wind verwehte Rindenstücke, und ein Eichhörnchen mit hübschen Ohrenquasten sprang auf eine Schneeverwehung und rannte schnell wieder hinunter.

Als wir im Reservat in einen Waldweg einbogen, erzählte uns Astafiew, daß es in diesem Seitencanyon riesige Rhododendren gebe, die so groß seien wie Bäume – das einzige Verbreitungsgebiet dieser archaischen Pflanze außer ein paar kleinen Enklaven in Nordkorea und Japan. In der Schlucht hatten drei Ranger der Einheit zur Wildereibekämpfung ein Blockhaus in einem Tannen- und Fichtenhain als Lager bezogen. In den leuchtend orangefarbenen Zapfen inmitten der schneebedeckten Tannenwipfel sah ich einen Schwarm von Kreuzschnäbeln herumwuseln. Die Männchen waren von einem glühenden Rot und Schwarz, die Weibchen flammengelb.

In der vorhergehenden Nacht hatten die Ranger einen Wilderer bis nach ein Uhr morgens gejagt. Obwohl sie dem Fahrer eine Vorladung überreichten und einen Suchscheinwerfer beschlagnahmten, war ihnen der Gewehrschütze entwischt. Der Mann war in den Wald gerannt und verschwunden. Von Zeit zu Zeit tauchte er am Waldrand wieder auf, um sofort wieder zwischen den Bäumen zu verschwinden, wenn die Männer sich an die Verfolgung machten. Die Ranger hatten immerhin das befriedigende Gefühl zu wissen, wie kalt dem Gejagten gewesen sein mußte, doch mußten sie auch zugeben, daß er ein knallharter Bursche war. Als sie ihn nämlich zum ersten Mal sahen, saß er trotz der schneidenden Kälte oben auf dem Wagen und hielt sein Gewehr im eisigen Nachtwind umklammert.

Wir nahmen ein üppiges Frühstück aus Brot und Kartoffeln ein, wozu es schönes kaltes Krabbenfleisch und halbrohen Lachs gab, *gorbuscha*, und den köstlichen heringsähnlichen *korbuschka*, der durch das Eis der Serebrjanka gefischt wurde; dazu gab es gelben Käse und Tee sowie die in buntes Papier eingewickelten kunststoffarbenen Süßigkeiten, die hier in Sibirien so allgegenwärtig sind wie die Metallzähne der Menschen. Einer der Waldhüter hieß Rudolf Judt. Als ich ihn fragte, woher er seinen deutschen Namen habe, lächelte er und sagte: «Das ist eine lange Geschichte. Dazu müßten wir bis zu Katharina der Großen zurückgehen.» Ich entschuldigte mich für meine aufdringlichen Fragen und versicherte den Männern, daß ich nicht vom KGB sei. Die Waldhüter lachten, und einer rief aus: «Vor denen haben wir keine Angst, jetzt nicht mehr!»

Dann waren wir wieder unterwegs. Wir überquerten den niedrigen Kamm des Küstengebirges in einer Höhe von rund 730 Metern über dem Meeresspiegel. Wie gewöhnlich waren die großen Holzlaster, die zum Depot für Holzexport in Plastun unterwegs waren, die einzigen Fahrzeuge, denen wir auf der Straße begegneten. Ein Lastwagen war an einer starken Steigung steckengeblieben, und ein zweiter war umgekippt und hatte seine Ladung verloren. Diese Laster würden zweifellos dort liegenbleiben, bis der Winter seinen eisernen Griff lockerte und die unterkühlten Motoren wieder anspringen konnten.

Am Vormittag fuhren wir immer noch in westlicher Richtung und überquerten die zentralen Hochplateaus, wo die Bergluft uns ins Gesicht schnitt wie ein Eistiger. Überall inmitten der verschneiten Tannen und knochenweißen Birken sahen wir Spuren von Wild, die in alle Himmelsrichtungen verliefen, und wir verjagten einen jungen Elch vom Straßenrand, ein in seinem dicken Winterfell wollig braunes Tier. Er kämpfte sich mühsam über eine felsige Anhöhe hinweg, da er bis zur Brust im Schnee versank. Die Huftiere und auch die Tiger haben mit tiefem Schnee ihre liebe Not – einer der Gründe, weshalb der Tiger Waldschneisen bevorzugt, die ihm das Wildschwein geschlagen hat, und warum er auch die von Menschen gemachten Wechsel wie die Küstenstraße benutzt, wo ihm die größte Gefahr droht.

Anatoli zeigte voller Stolz auf die Grenzmarkierungen in den Bergen des neuen Reservatsgebiets, das auch das Quellgebiet des Kolumbej-Flusses umfaßt. Der besonders wichtige Schutz des oberen Kolumbej innerhalb der Reservatsgrenzen sei ein Teil von Anatolis Vision, wie Howard Quigley sagt. Kurze Zeit später überquerte die Straße den Fluß, der eine Hochebene durchschneidet. In der Nähe von Melnitschnoje mündet der Fluß in den Bolschaja Ussurka (Großer Kleiner Ussuri). Dieser fließt in westlicher Richtung zum Ussuri und zum Amur hinunter und mündet 1600 Kilometer weiter nördlich in das Ochotskische Meer.

Der Kolumbej ist breiter und langsamer als die Ströme des steilen Osthangs, die sich direkt ins Japanische Meer stürzen, doch im Frühling kommt es vor, daß er den Teil des Dorfs überflutet, der tiefer liegt als der Grund der alten Siedlung. Als Arseniew vor fast einem Jahrhundert hier durchritt, hieß dieses Dorf Tsidatun – chinesisch für «windiges Tal». Damals war es eine Siedlung einheimischer Udege und auch einiger Mandschu-Chinesen. Selbst heute noch kann man hier einige Nachkommen der Ureinwohner mit gemischtem Blut finden. Seit den Tagen der Chinesen gibt es weiter stromaufwärts eine Goldmine, die immer noch rund fünfzig Menschen der Gegend beschäftigt.

Der Oberförster der Gemeinde, Nikolaj Andrejew Kositschko, hieß uns in seinem kleinen Haus am westlichen Ende der Siedlung willkommen. Dieser Mann mit dem eisengrauen Haar und den melancholischen Augen sprach davon, wie mild dieses Winterwetter sei. Er fügte hinzu, daß die Temperatur vor ein paar Tagen auf -37° C gefallen sei. Kositschko bemerkte, bis 1961 seien die verstreut liegenden Landarbeiterhäuschen und Schuppen auf dieser flachen Flußebene zwischen tiefen Bergkämmen «ein reines Walddorf gewesen, und alle seine Bewohner seien Jäger und Fallensteller gewesen. Insgesamt haben hier kaum mehr als 150 Menschen gelebt.» («Ja», pflichtete Anatoli ihm bei, «sie haben alle draußen in der Taiga gejagt, und man bekam nur selten einen von ihnen zu sehen.») Dann ging es mit dem Holzeinschlag los. Erst fällt ein Staatsunternehmen die Bäume, jetzt ein privates Holzunternehmen. 1985 betrug die Dorfbevölkerung das Fünffache ihrer früheren Größe, und heute lebten hier an die tausend Seelen.

Die Forstwirtschaft von Melnitschnoje ziehe selektiven Holzeinschlag vor (die Gemeinde habe großflächige Kahlschläge nach nur einem Versuch abgelehnt). «Unsere Forstgesetze – wie man die Wälder zu hegen und wie man die Bäume zu fällen hat – wären in Ordnung, wenn man sie wirklich durchsetzen könnte, aber so ist es nicht. Kein Geld. Koreanische Kiefer ist so gut wie verschwunden, und jetzt werden die Fichten hoch oben an den Hängen gefällt, was zu Bodenerosion führt. Da wir in der Landwirtschaft keine Zukunft haben, wissen wir nicht, was aus uns werden wird.» Der Förster blickte traurig in die Runde. Es sei davon die Rede gewesen, eine Art Fabrik zu errichten, welche die ersten Stadien der Holzverarbeitung habe bewältigen sollen, aber daraus sei wie gewöhnlich nichts geworden.

Vor seinem Haus war Holz von Bäumen aufgestapelt, die aus den Bergen nach Plastun transportiert worden waren, um dort grob zerkleinert zu werden. Anschließend war das Holz wieder hertransportiert worden, um hier verwendet zu werden – eine Rundfahrt von 273 Kilometern. «Der größte Teil unseres Holzes wird jedoch durch Plastun außer Landes verschifft, und für unsere Gemeinde bleibt so gut wie nichts davon hängen», sagte Kositschko. «Man hat uns 30 Prozent aller Gewinne versprochen, aber die Bundesregierung streicht 80 Prozent ein, Beamte der Gegend die restlichen 20. Von diesen Beamten haben wir keine Hilfe zu erwarten. Die haben genügend eigene Probleme – das heißt kein Geld.»

Während wir uns unterhielten, kamen Männer und Frauen herein, um sich die Konversation anzuhören. Waldhüter Wladimir Scharow war ein gutaussehender Mann in einer grünen Tarnuniform. Seine buschigen Augenbrauen, die Koteletten und sein schwarzer

Bart verliehen ihm eine gewisse Ähnlichkeit mit Fidel Castro. Er sagte, die Leute der Region lehnten das Reservat und seine vor kurzem erfolgte Erweiterung strikt ab, ebenso natürlich auch die Waldhüter. Er zeigte ein schmallippiges, metallisches Lächeln. «Das Leben ist jetzt ganz anders als früher. Das liegt nicht nur an den wirtschaftlichen Verhältnissen. Jeder lebt nur für den Augenblick und denkt nur an sich. Unser Leben ist außer Kontrolle geraten – es ist ein Chaos.» Diesen Refrain hatte ich in dem neuen Rußland schon öfter gehört. Bevor die Welt sich 1989 veränderte, habe es im Dorf ein Programm zur Förderung des Umweltbewußtseins gegeben, und man habe auch Bäume gepflanzt. «Davon kann jetzt keine Rede mehr sein. Früher machten die Menschen freiwillig mit, aus Begeisterung. Heute rührt kein Mensch mehr einen Finger, es sei denn, er wird dafür bezahlt.»

«Nun ja, wenigstens denken Kinder nicht so. Bei denen kommt alles aus dem Herzen!» rief eine Frau aus, als wollte sie sich selbst einreden, daß es so sei.

«Warum wollen diese Japaner unsere Koreanischen Kiefern haben, obwohl sie wissen, daß es jetzt illegal ist, diese Bäume zu fällen?» sagte Maria Kositschko klagend. Es war eine rhetorische Frage, die ihr nur eine spöttische Bemerkung des Assistenten ihres Mannes einbrachte. Sergei Sinowiew, ein Mann mit schütterem Haar und Bart und einem listigen Humor, schaltete sich ein: «Wenn die Japaner unsere Koreanischen Kiefern wollen, dann fällen wir sie, und wenn die Chinesen unsere Tigerknochen brauchen, schießen wir unsere Tiger! Das ist doch nicht *unsere* Schuld!» Und Katja Scharow, eine Frau in einem roten Pullover, lachte und rief traurig aus: «Wir haben in Rußland jetzt eine Demokratie! Es gibt gar keine Regeln mehr!»

Hatten die Dorfbewohner schon gemischte Gefühle, was das Reservat betraf, dachten sie ähnlich auch über den Tiger. Im vorigen Winter war ein Fallensteller aus Melnitschnoje namens Sergei Denisow, ein siebenunddreißig Jahre alter Mann, von einem Tiger getötet und gefressen worden. Er hatte eine Witwe und zwei Kinder hinterlassen. Nein, Sergei habe keinen groben Fehler gemacht. «Es gibt so etwas wie eine kritische Distanz zu einem Tiger. Er hat diese Grenze überschritten – und dann war es passiert», sagte Wladimir Scharow, der mit dem Toten befreundet gewesen war. «Sergei hatte nicht vor, dem Tiger etwas anzutun, deshalb hatte er keinen Fehler gemacht.» Wie auch immer: Sergei Denisow war in Melnitschnoje nicht das erste Opfer eines Tigers gewesen. 1958 – die Dörfler beratschlagten, ob das Datum richtig sei – war der Leiter der örtlichen Wetterstation einem Tiger zum Opfer gefallen.

Zur Zeit Dersus war Amba als «der Wahre Geist der Berge» verehrt worden, als Gottheit der Wildnis und furchterregender Hüter der kostbaren Ginsengwurzel; neuerdings nannte man den Wahren Geist der Berge nur noch Koschka, die Katze. Das Wort *Amba* wird nicht mehr benutzt, und auch die Udege-Mythen über den Wald haben bei den Dorfbewohnern nicht überlebt. «Wir sehen jetzt alles mit den Augen der Russen», sagte Nikolai Andrejewitsch.

Auf die Frage, ob die Gemeinde besser dastehen würde, wenn die letzten Tiger vernichtet wären, ließen die Dorfbewohner ein aus tiefstem Herzen kommendes zustimmendes Stöhnen vernehmen. Doch Scharow protestierte fast im selben Moment und sagte, die Taiga wäre «langweilig» ohne Tiger, und Sergei Sinowiew stimmte ihm zu. Er gab zwar zu, daß weniger Tiger vielleicht besser wären, da die Menschen das von Tigern getötete Wild bitter nötig hätten. «Aber für mich», fügte er hinzu, «ist das Leben mit Tigern in der Region interessanter, obwohl die meisten hier sie keine Sekunde vermissen würden.» Auch die Frauen beeilten sich zu versichern, daß es für die Menschen im Dorf keinerlei Bedrohung gebe, obwohl ein Tiger vor zehn Jahren – in demselben harten Winter, in dem vier verschiedene Tiger durch Wladiwostok gestreift waren – sich auf den Schotterwegen zwischen diesen Häuschen habe blicken lassen. Dieses Tier habe einen Hund gefressen und ein Fohlen übel zugerichtet.

Wie auch immer, sagte Sinowiew, ein Mann solle sich nicht in die Taiga begeben, wenn er Angst habe. Er und andere Männer aus der Gegend gingen den ganzen Sommer über ohne Waffen im Wald herum, um Ginseng, Beeren und Wildpflanzen zu sammeln. Waffen trügen sie nur in der Jagdsaison. Sinowiew war Leiter des regionalen Jagdclubs, der die Flora und Fauna auf einem 1 800 Quadratkilometer großen Gebiet gepachtet hatte, das sich an das Gebiet des erweiterten

Reservats anschloß. Damit hatte der Verein faktisch das Recht erworben, dort zu jagen und zu sammeln. Anders als die meisten Jagdgruppen dieser Art bevorzugte Sinowiews Verein den vorgeschlagenen Landerwerb, da er darauf baute, die geschützten Tiere würden sich auch in dem gepachteten Land des Vereins ansiedeln. Sinowiew hoffte, daß die Ernte auf diesem Land – Sibirischer Ginseng, Pilze und Beeren, Wildhonig, Farne und Medizinalkräuter – genügen werde, um die Pachtgebühren zu zahlen, doch er fragte sich, wo die Erzeugnisse des Waldes verkauft werden konnten. Es gab in China keinen Markt mehr für Sibirischen oder selbstgezogenen Ginseng; die Chinesen akzeptierten nur die Wildpflanze, eine Araliazee mit roten Beeren (*Panax Ginseng Nees*), deren Wurzel Menschengestalt hat und dreißig Zentimeter und tiefer in die Erde reicht. Diese Wurzel ist manchmal mehr als tausend Dollar wert. Bedauerlicherweise war wilder Ginseng inzwischen so selten geworden, daß die Jahresernte in Primorski Krai per Gesetz auf sechsundsechzig Pfund begrenzt war. Ein Jahr zuvor waren nur siebzehn Pfund verkauft worden – das heißt legal. Jetzt, nach Öffnung der Grenzen, konnte niemand mehr sagen, wieviel wilder Ginseng von Privatleuten ausgegraben und außer Landes geschmuggelt wurde.

Gegenwärtig lag das «Bußgeld» für das Schießen von Tigern bei einer Million Rubel. Das war zweihundertmal mehr als der staatliche Mindestlohn. Wer Tigerteile verkauft, zahlt ein Bußgeld von einer halben Million. Wer das Bußgeld nicht aufbringen kann, landet zwar nicht im Gefängnis, allerdings wird der größte Teil seiner Habe beschlagnahmt. «Wenn man Tiger retten will», sagte Sinowiew, «muß man höhere Strafen androhen oder den Leuten ein besseres Leben bieten. Wenn die Menschen ein anständiges Auskommen hätten, würden sie keine Tiger schießen.»

Jedenfalls wurde der Tiger nicht mehr ausschließlich wegen seines Fells und seiner Knochen gewildert, denn dieser Handel wurde durch die Wilderer-Patrouillen an der Straße nach Plastun stark behindert. Diese Straße war früher ein bevorzugtes Gebiet von Waffenhändlern und Jägern gewesen. Außerdem waren korrupte Zollbeamte an den Grenzen abgelöst worden. Sinowiew erstaunte uns mit der hinzugefügten Bemerkung, neuerdings würden Tiger hauptsächlich wegen des Fleischs getötet. «Ein Drittel der Menschen in diesem Raum hat schon Tigerfleisch gegessen, obwohl vermutlich niemand es zugeben wird», sagte Sinowiew. Er zeigte auf einen Bergkamm nördlich des Dorfs. «Früher wanderte dort oben ein Tiger entlang. Jedes Jahr wurde er von jemand gesehen. Aber jetzt sehen wir ihn nicht mehr, weil wir ihn gegessen haben.» Tigerfleisch sei wie Schweinefleisch, fügte er hinzu, aber magerer und leichter. «Wollen Sie mal probieren?» Alle lachten. Dieser Humor erschien mir weniger ironisch als zutiefst traurig und fatalistisch. Später fragte ich Anatoli, ob dieser gerissene Bursche uns auf den Arm genommen habe. Astafiew schüttelte den Kopf. Vielleicht habe Sinowiew übertrieben – Tiegerfleisch sei nicht jedermanns Sache –, aber ja, manche Menschen äßen Tigerfleisch, das stimme.

Trotz all ihrer düsteren Vorhersagen über die Zukunft bleiben die meisten Russen, zumindest die in diesen entlegenen Regionen, eifrig und gastfreundlich. Wie um das zu beweisen, hatten sie zu Ehren der Gäste einen schönen Elchbraten zubereitet. «Russen müssen ihre ganze Nahrung selbst anbauen und jagen», sagte Sinowiew. «Fast alles auf diesem Tisch haben wir selbst besorgt, von dem *kohlbasa* einmal abgesehen. Und von diesem Zeug ißt niemand – ist Ihnen das aufgefallen? Früher mußten wir auch Selbstversorger sein, waren aber wenigstens in der Lage, etwas beiseite zu legen, falls wir verreisen mußten, um etwa der Beerdigung unserer Großmutter beizuwohnen oder derlei. Heute ist eine solche Reise nicht mehr möglich.»

Nach Ansicht Wladimir Scharows kommt der meiste Widerstand gegen den Sapowednik und dessen neue Erweiterung von den Holzfällern, von denen einige in den Augen Sinowiews nichts weiter waren als «Penner, die alles umsonst haben wollen» – die gleichen Elemente, wie jemand während unseres Festessens ausrief, die bei der letzten Wahl für «diesen Clown Schirinowski» gestimmt hätten. Während auf dem kleinen Fernsehschirm hochgewachsene schwarze Amerikaner hin und her rannten und aus vollem Lauf erstaunliche Körbe warfen, prosteten wir uns mit Schnaps zu, verzehrten verschiedene Fische und Krabben, sibirische Klöße und eingelegte Tomaten,

Hühnersalat und ein schönes Elchgericht mit Karotten und Kartoffeln sowie etwas sehr Gutes, das sich «Fisch im Mantel» nannte, ein delikates scharfes Fischgericht, das mit Roten Beten und Kartoffelbrei angerichtet war. Zum Nachtisch gab es Gerichte mit vorzüglichem Wildblütenhonig, für den die Dorfbewohner keine Abnehmer mehr finden konnten.

Die Bewohner von Melnitschnoje sprachen mit Nachsicht von Michail Gorbatschow, und das in einem Land, in dem *perestroika* heute ein unanständiges Wort ist: «Er hat es gut gemeint, hatte aber nicht die Mittel, seine Reformen durchzusetzen, und so hat er uns nichts als Ärger eingebracht.» Und über Jelzin: «Er fing gut an, ist aber jetzt schon erledigt.» Und über den Tschetschenien-Krieg: «Diese Schweinerei hätte zur Sowjetzeit nicht passieren können, das können wir Ihnen versichern!» Nikolai Andrejewitsch machte der Diskussion aus Höflichkeit gegenüber seinen Gästen jedoch ein Ende. «Reden wir nicht mehr darüber», sagte er düster. «Bleiben wir bei unseren eigenen Problemen. Der Staat hat Probleme, und wir haben welche. Wir haben in der Vergangenheit armselig gelebt und werden es auch in Zukunft tun. Das ist Rußland.»

Wladimir Scharow führte uns zu dem Haus des Jagdgefährten des verstorbenen Sergej Denisow, einem krausköpfigen jungen Mann mit einer gedämpften Stimme, der wie gelähmt dastand, was nicht ausschließlich seinem schockierenden Erlebnis im vergangenen Jahr zugeschrieben werden konnte. «Sascha» schilderte, wie er, Denisow und Denisows Schwager Sergej Polischuk an einem Nebenfluß des Kolumbej auf die Jagd gegangen seien und Fallen aufgestellt hätten. Am 14. Februar 1995 sei Denisow, der stromaufwärts gegangen sei, um nach seinen Zobelfallen zu sehen, nicht zurückgekehrt. Am 16. habe sich Polischuk auf die Suche nach ihm begeben, und noch am selben Tag sei Scharow bei seinem Streifengang vorbeigekommen. Er habe in der Hütte der Fallensteller übernachtet. Bei seiner Rückkehr am 17. habe Polischuk ihnen erzählt, er habe nichts weiter gefunden als zwei Beine und ein paar rote Spuren im Schnee, umgeben von den Fußabdrücken einer Tigerin.

Da Polischuk wußte, daß sich die Tigerin nicht allzuweit von diesen Beinen entfernt hatte, feuerte er einen Schuß ab, um sie auf Distanz zu halten. Dann flüchtete er zurück zur Hütte, wo er Sascha und dem Waldhüter erzählte, was geschehen war. Die drei kehrten nach Melnitschnoje zurück, um die Polizei zu benachrichtigen. Anschließend begleiteten sie die Beamten zum Schauplatz des Todes von Denisow, der rund fünfzig Kilometer nordöstlich des Dorfs lag. Inzwischen waren die Beine verschwunden, doch die Männer fanden die größeren Fußspuren eines männlichen Tigers, der später aufgetaucht war und die Stelle beschnuppert hatte.

Am einundzwanzigsten erschien Projektwissenschaftler Igor Nikolajew in Begleitung Dale Miquelles, um den Vorfall zu untersuchen. (Weil Igor in Primorski Krai große Achtung genießt, würden seine Schlußfolgerungen als offizieller Bericht akzeptiert werden.) Obwohl die ursprünglichen Fährten inzwischen recht alt und durch leichten Neuschnee verwischt worden waren, aber auch durch die Fährte des männlichen Tigers, machte sich dieser stille Mann, der so braungebrannt und wettergegerbt ist wie altes Herbstlaub, mit einem Kiefernzweig an die Arbeit und legte Spuren frei. Die Menschenfresserin, erklärte er, sei halb verhungert gewesen. Er sehe das nicht nur einfach daran, daß sie einen Menschen angegriffen habe, sondern weil die weißliche Farbe ihres Kots ein Tier erkennen lasse, das sich lange Zeit ungenügend ernährt habe.

Die Tigerin habe in einer geschützten Höhlung unter dem Fuß eines umgestürzten Baums gelegen und sich für einen Angriff bereit gemacht, als sie jemanden habe näher kommen hören. Die Stelle, an der der Fallensteller ihr den Rücken zugewandt habe, um seinen Pfad zu verlassen und den Wipfel des umgestürzten Baums zu umrunden, war vielleicht sieben Meter von ihrem Unterschlupf entfernt. Nikolajew kam zu dem Schluß, daß Denisow nur gut zehn Meter entfernt gewesen sei, als sie ihn ansprang und zu Boden riß.

Denisows Fäustlinge lagen fünf Schritte von den Blutspuren im Schnee entfernt, und der obere Lauf seines Gewehrs, das auf dem Boden lag, war immer noch geladen, und der Hahn war gespannt. Es war eine doppelläufige Einzelschußwaffe für die Jagd auf Eichhörnchen, Vögel oder Kaninchen. Es hatte den Anschein, als hätte er seine Fäustlinge ausgezogen, um auf Niederwild zu schießen. Als er sich gebückt habe, um sie hinzulegen, habe er für einen Moment wohl einem Beutetier geähnelt, was den Angriff der Tigerin ausgelöst haben konnte. (Eine Ranthambhore-Tigerin, die stundenlang friedlich dalag, während Belinda Wright sie filmte, hatte sich, sobald Belinda zur Seite trat, um sich im Gebüsch hinzuhocken, an sie angeschlichen und ihr einen Schrecken eingejagt.) Hätte der Fallensteller die Tigerin gesehen, wäre er vermutlich stehengeblieben und hätte sie angebrüllt, vielleicht einen Schuß abgegeben, was ihm mit hoher Wahrscheinlichkeit das Leben gerettet hätte. Aber so bemerkte er sie bis zum Schluß nicht, wie aus dem Fehlen jedes Anzeichens von Flucht oder Kampf geschlossen werden mußte. Wahrscheinlich hat er mit Ausnahme eines einzigen schockierten Moments wilden Schmerzes und Entsetzens nie recht gemerkt, daß sein Leben zu Ende ging.

Sergej Denisow war in dem neuen Erweiterungsgebiet des Reservats getötet worden, etwa sechseinhalb Kilometer nördlich des Kolumbej. Außerdem war es möglich, wenn auch unwahrscheinlich, daß das Männchen, das zufällig auf der Bildfläche erschien, ein Tiger des Projekts war; die Menschen der Gegend hätten allerdings nicht wissen können, daß ein mit einem Funkhalsband ausgestatteter Tiger – das große Männchen, Nummer 4, mit dem Spitznamen Kolja – bis zum Quellgebiet des Kolumbej nach Westen gewandert war. Wie auch immer: Es schien wichtig zu sein, alle Gerüchte von markierten Tigern im Keim zu ersticken, bevor die Menschen vielleicht zu dem Schluß kamen, daß diese Tiere wegen ihrer Halsbänder so in Wut gerieten, daß sie plötzlich zu Menschenfressern wurden. Igor Nikolajew war froh, feststellen zu können, daß der Menschenfresser in diesem Fall ein unbekanntes Weibchen gewesen war. Bedauerlicherweise wurde das Tier nie gefangen.

Denisows Jagdpartner empfand keinerlei Ressentiment gegen das Reservat und dessen neue Erweiterung – «Es soll ruhig bleiben». Er äußerte auch weder Furcht noch Bitterkeit, was die Tiger betraf. Er zuckte schicksalsergeben die Schultern. «Laßt sie doch», sagte er. Soviel er wisse, denke Denisows Schwager, Sergej Polischuk, genauso.

An diesem eisigen Januartag sei Polischuk sogar «irgendwo da draußen im Wald», wohin er gehöre.

Während der vierstündigen Rückfahrt nach Ternej auf der geheimnisvollen weißen Straße, die sich durch die Dunkelheit der Berge dahinschlängelte, hielt ich nach den nächtlichen Jägern Ausschau, doch das einzige Geschöpf, das bei dieser großen Kälte unterwegs war, war ein grauer Waldkauz, der mit seiner Beute, einem Nager, neben einer Schneeverwehung hockte. Der Kauz flog nicht weg, sondern drehte nur den Kopf, als der kleine Wagen vorübersauste. In eisigen Nächten sind die Räuber kühn und geben ihre Beute nicht ohne weiteres her.

∞

Am nächsten Tag hielten wir am Nachmittag wieder auf der vereisten leeren Straße, an der Lenas Halsband gefunden worden war. Hier hatte die Tigerin Katja Lenas Gewohnheit übernommen, ihre Jungen in einem Bau östlich der Straße zu verstecken, um sie dann zu überqueren und in der Kunalaika zu jagen. Keine fünfzig Meter von der Stelle entfernt, an der Lena getötet worden war – und das erschien angesichts dieser endlosen Kilometer leerer Straße unheimlich – fanden wir Katjas Fährte in dem tiefen Schnee, wo sie vom Bergkamm heruntergekommen war und die Straße überquert hatte, um zu den Elchgründen zu gelangen. Ihr Funksignal – ein pulsierender Takt wie hartes Zwitschern eines Vogels oder als riebe man zwei Steine aneinander – war laut und schnell, obwohl dies auch durch das Reiben ihres Halsbands an einem steifgefrorenen Beutetier verursacht worden sein konnte.

Eine Tigerin mit Jungen hat es im Winter leichter, wenn die Bären Winterschlaf halten; Braun- und Schwarzbären kommen in diesen Wäldern reichlich vor, und seit Beginn des Tigerprojekts 1992 waren zwölf Braun- und neun Schwarzbären in den Schlingen gefangen worden. Während man annimmt, daß ein ausgewachsener Tiger alle Bären bis auf einen großen Braunbären vertreiben wird, ist ein Weibchen mit Jungen einem solchen Gegner gegenüber sehr im Nachteil. Bären, die nach dem Winterschlaf aus ihrem Bau auftauchen, werden den Fährten der Tiger folgen, um ihnen ihre Beute zu stehlen. Das Tigerprojekt kennt viele Fälle, in denen große Bären sowohl vor als auch nach der Mahlzeit eines Tigers diesem die Beute abjagen. Daß Tiger ihre Beute meist bewachen, bis alles Fleisch aufgefressen ist, scheint die Bären zu frustrieren. Die Tatsache, daß man auf den Beutetieren von Tigern manchmal Bärenkot findet, scheint diese Vermutung nahezulegen. (Der große Tiger des Projekts mit dem Spitznamen Dale fraß regelmäßig Bärenfleisch, das den Hauptteil seiner besonderen Diät ausmachte.) Da Tiger jede Woche ein mittelgroßes Beutetier brauchen, eine Tigerin mit Jungen noch mehr, ist die Konkurrenz durch Bären besonders mißlich, da der Diebstahl ihrer schwerverdienten Beute sie zwingt, sich bei der Jagd noch mehr anzustrengen, vielleicht sogar in gefährlicher Entfernung von ihrem Bau.

Um festzustellen, ob Katja tatsächlich einen Wurf hatte, wollten wir die Tigerfährten in der Nähe der Beute untersuchen. Solange sie anwesend war, konnten wir uns nicht hinunterbegeben, da wir die Tigerin und ihre Jungen nicht stören (und auch nicht dieses Risiko eingehen) wollten. Menschen, die Beutetiere untersuchen, um sich Fleisch anzueignen oder auch nur allzu nahe herankommen, bringen die Tigerin in 60 Prozent aller Fälle dazu, die Beute aufzugeben; auch das zwingt sie dazu, noch öfter auf die Jagd zu gehen. Selbst Wanderer und Fischer, die zufällig vorbeikommen, stören sie. Somit begaben wir uns nach Süden zum Djigit-Fluß und folgten der Straße über den Bergrücken hinweg zum Scheptun-Tal, wo ich zwei Tage vorher die Tigerin Nadja vom Flugzeug aus gesehen hatte.

Neben der Holzfällerstraße in dieses Tal befanden sich unzählige frische Fährten – von Elchen und einem viel kleineren Hirsch, vielleicht einem Sika oder sogar einem Reh, ferner von Eichhörnchen, Hasen und Nerzen und vielleicht Zobel, daneben die frische Fährte eines männlichen Tigers. (Das Geschlecht läßt sich durch die größere Breite des Ballens an der Vorderpranke feststellen, die in diesem Fall zehn Zentimeter betrug; ein jüngeres Männchen mit einem Ballenabdruck von Weibchengröße – achteinhalb Zentimeter oder kleiner – würde immer noch von der Mutter begleitet sein.) Die Fußabdrücke verließen die Holzfällerstraße an einem Punkt, wo dieses unbekannte Männchen einen schrägstehenden Baum auf Duftmarken eines anderen Tigers untersucht hatte. Ein Stück weiter hatte entweder dieses Tier oder Nadja auf dem Weg eine Urinspur abgesetzt. Auf Empfehlung meiner Begleiter kniete ich nieder und schnupperte an dieser Duftmarke. Die starken Säuren waren in dieser eisigen Luft erfrischend.

Da der Schnee für das Fahrzeug zu tief war, gingen wir die letzten achthundert Meter zu Fuß zu der Stelle, an der Nadja quer über den Weg gesprungen war, um in einem Hain mit Fichten und Kiefern Schutz zu suchen. In dem tiefen Schnee gingen ihre Spuren in östlicher Richtung weiter, verharrten zwischen zwei eng nebeneinanderstehenden Fichtenstämmen (als hätte sie dort Deckung gesucht, als das Flugzeug in geringer Höhe über sie hinwegdonnerte), um dann den Weg zu dem steilen Seitenhang des Tals fortzusetzen. An einer Stelle hatte sich die Tigerin ausgestreckt, was den Schnee hatte schmelzen lassen; ein roter Fleck in dem glitzernden Eis deutete darauf hin, daß sie sich an einer Pranke geschnitten hatte. (Die Ballen von Tigern sind so empfindlich, daß die dünne Haut oft von zerbrochenem Eis verletzt wird.)

Obwohl die fünf bis sechs Jahre alte Nadja ein voll ausgewachsenes Tier war, war nicht bekannt, ob sie Junge geworfen hatte und ob sie sich überhaupt gepaart hatte. Zum ersten Mal, so der stellvertretende Assistent Aljoscha Kostnja, ein geschickter Fährtensucher, der bei Nadjas Gefangennahme in diesem Einzugsgebiet im Dezember geholfen hatte, könne man ihr Funksignal nicht vom Boden aus empfangen. Sie hatte ihr heimatliches Tal verlassen, und möglicherweise befand sich jenes unbekannte Männchen bei ihr.

◎◎

An jenem Abend, als es schon dämmerte, überquerte Katja die Straße erneut, diesmal in der Gegenrichtung, und erklomm den östlichen Bergkamm. Sie war anscheinend auf dem Rückweg zu ihrem Wurf (wie sich herausstellte, gab es nur ein Junges, das sie ein paar Tage später über die Straße brachte). Am nächsten Morgen ließ ihr Signal vom Bergkamm östlich der Straße her erkennen, daß sie ruhte, und so machten wir uns auf den Weg, den bewaldeten Hang hinunter, um ihre Beute zu suchen. In dem tiefen Frost war ein erbsengrüner

Mottenkokon, der an einem Zweig hing, der einzige Grünton in dem erstarrten Wald.

Der Schnee in den Wäldern war gut sechzig Zentimeter tief und vor Kälte locker und pulvrig, doch unten im Tal konnten wir auf der glatten weißen Oberfläche des Kunalaika gehen, der an dieser Stelle etwa 13 Meter breit ist. Auf dem Eis des Flusses war der meiste Schnee vom Wind verweht worden, und die Fußspuren waren frisch und klar, als wären sie in Stahl gemeißelt. An einer Stelle hatte sich die Tigerin hingelegt und ausgestreckt und einen geisterhaften Umriß des Wahren Geists der Berge hinterlassen – bis hin zu dem mächtigen Kopf und dem langen Schwanz, der Krümmung der Beine und den großen, entspannt daliegenden Pranken. Nur die Streifen fehlten.

Die Tigerin hatte auf einer Insel im Fluß mit kleinen, vom Wind gebeugten Bäumen, die sich schwarz vom Schnee abhoben, auf der Lauer gelegen – eine vorzügliche Tarnung für die weißen Akzente ihres Kopfs, aber auch für ihre senkrechten schwarzen Streifen. Nicht weit davon entfernt zeichneten sich die herzförmigen Abdrücke eines jungen Elchs auf dem schimmernden Eis eines früheren Flußarms ab, und mit Hilfe dessen, was wir im Schnee sahen, konnten wir rekonstruieren, was geschehen war. Die vorderen Abdrücke trafen sich, wo der Elch an einer Stelle mit Ulmen und Pappeln innegehalten hatte, gut sechzig Meter von dem kauernden Tiger entfernt. (Die Großkatzen haben nie ein Anpassungsverhalten entwickelt, das ihrem starken Körpergeruch Rechnung trägt. So pirschen sie sich oft mit dem Wind an die Beute heran – ein Grund dafür, weshalb mindestens neun von zehn Angriffen mißlingen. Löwen haben diesen Instinkt ebenfalls nie entwickelt, doch sie haben wenigstens den Vorteil, im Rudel zu jagen.)

Vielleicht hat der Elch mit seinen innen rosigen Ohren gezuckt und gelauscht, vielleicht hat er für einen Moment geschnuppert und gezittert und sich mit großen runden Augen umgesehen. Gleich nach diesem Moment der Anspannung lief er plötzlich seitlich davon und erreichte das jenseitige Ufer mit einem verängstigten Satz, als die Tigerin aus ihrem Versteck hochsprang und ihrer Beute mit drei Meter langen Sätzen den Weg abschnitt und dabei im Schnee stumme runde

Explosionen zurückließ. Sie schoß wie eine Feuerzunge durch die dunklen Bäume am Flußufer, überholte den großen Elch und riß ihn an einer Stelle mit Birken und Pappeln zu Boden, die etwa dreiunddreißig Meter – Dale schritt die Strecke ab – von dem Punkt entfernt war, an dem sie aufgesprungen war.

Der von hinten angreifende Tiger kann das Rückgrat im Genick durchbeißen oder (wie in diesem Fall) die Kehle der Beute zwischen die Kiefer nehmen, um es zu ersticken. Es war kaum Blut zu sehen, nur der Bogen im Schnee, den ein sehniges Elchbein als schwachen Halbkreis in dem weißen Schneestaub gezogen hatte, sowie ein letztes trauriges Zucken blaßgelben Urins.

Da Holzlaster in nicht mehr als vierundfünfzig Meter Entfernung auf der Küstenstraße herunterbrausten, war der Fluß viel zu nahe, um ihn mit der Beute zu bewältigen, und so hatte die Tigerin den Elch hinter dem Kopf gepackt und gut achtzig Meter weiter nach Westen geschleift, quer über den Altarm des Flusses und die sumpfige Insel hinweg, auf der sie sich versteckt gehalten hatte. Als ich die glatte Schleifspur mit den gelegentlichen Blutflecken sah, kam mir unwillkürlich die ähnliche Spur in den Sinn, die der Leichnam des armen Sergej Denisow hinterlassen hatte, dessen schlaff herabhängender Kopf den Schnee streifte, sowie das letzte Erstaunen in seinen aufgerissenen Augen.

Der Elchkadaver war unterhalb einer dickstämmigen Erle mit trockenen Kätzchen abgelegt worden. Hier hatte die Tigerin gefressen, bevor sie ihre Beute zum Rand einer sumpfigen Wiese weiterschleifte, auf der ein paar Birken sowie Weißdorn und verholzte Rosenstöcke wuchsen. So konnte sie den Elch besser gegen Aasfresser wie den Raben, den Marderhund und die Seeadler schützen – den Weißkopfseeadler und den Riesenseeadler, der den mächtigsten Schnabel aller Seeadler besitzt. Die Tigerin hatte mit an Sicherheit grenzender Wahrscheinlichkeit hier Deckung gesucht, als unser alter Doppeldecker vor ein paar Tagen über sie hinweggeflogen war. Und nachdem ich diesen Ort kristallklarer Stille in dem winterlichen Wald gesehen hatte, verstand ich weit besser, wie die russischen Wissenschaftler in einer Zeit, in der es im Primorski Krai noch keine Funktelemetrie gegeben hatte, so viel über *Panthera tigris altaica* gelernt hatten, nämlich nur durch das Lesen der Zeichen von Leben und Tod in der winterlichen Taiga.

Nicht weit entfernt, am Rand der Schleifspur, entdeckten wir den ehrfurchtgebietenden Kot der Tigerin. Entzückt von dem, was er den deutlichsten und klassischsten Beutezug von den mehr als einhundert Raubzügen nannte, die er untersucht hatte, betonte Dale, die Tigerin habe ihr Lager fast nur dann verlassen, wenn sie sich erleichtern wollte. Deshalb sei kein Detail des Hinterhalts, des Reißens und Fressens verwischt worden. «Können Sie sich vorstellen», rief er aus, «wie dieser Ort aussehen würde, wenn ein Jäger hier vier Tage gelebt hätte?» Von dem jungen Elch war nichts weiter übriggeblieben als die Beine, der Kopf und das steife rauhe Fell, die von dem Tiger meist liegengelassen werden. An dem gekrümmten Kadaver war kein Fleisch mehr zu sehen. Sogar die Augen waren zu blauem Eis erstarrt und somit zu hart für Raben.

※

Auf der Straße sahen wir Viktor Woronin zu Fuß näher kommen, einen Waldhüter, der in der Hütte in der Nähe des Meers bei Blogowatna stationiert ist. Woronin hat mehr Tiger aus nächster Nähe gesehen als jeder andere in der Region von Ternej. Er hat sich öffentlich gegen das Sibirische Tigerprojekt ausgesprochen. Er erhob Einwände gegen den Streß, den das Fangen mit einer Schlinge und die Würdelosigkeit eines Funkhalsbands einem wildlebenden Tier antue. Er sagte ferner – zwar korrekt, aber naiv –, daß solche aufdringlichen Methoden völlig unnötig wären, wenn die Menschen sich den Tigern nur so respektvoll näherten wie er selbst. Doch natürlich teilen nur wenige Menschen seine Ehrfurcht vor Tigern, von seiner Kaltblütigkeit ganz zu schweigen. Überdies scheint es müßig zu sein, über behutsame Forschungsmethoden nachzudenken, die vielleicht dabei mithelfen könnten, ein schönes Tier vor der Ausrottung in freier Wildbahn zu bewahren.

Woronin begrüßte die Wissenschaftler herzlich, als machte es ihm Kummer, daß seine kritischen Äußerungen ihn gegenüber den Mitarbeitern des Projekts und sogar Kollegen im Reservat auf Distanz gebracht hatten. Wie alle Waldhüter hatte er ein Gewehr bei sich –

zur Verteidigung gegen Wilderer, wie Viktor behauptete, obwohl die meisten Waldhüter bereitwillig bestätigen, daß das Gewehr eine Vorsichtsmaßnahme gegen Bären und Tiger ist. Er sei den ganzen Tag im Wald herumgewandert und habe nur wenige *esuber* (Elche) gesehen, wie er Dale mitteilte. Sein unrasiertes Gesicht war rot vor Kälte. Er setzte ein fröhliches Grinsen auf, das seine Zahnlücken enthüllte, und sagte, sein Mund sei so steif gefroren, daß er nicht sprechen könne.

Über Nacht war die Temperatur auf -27° C gefallen, und am nächsten Morgen wehte der Nordwind eisige Luft mit einer Geschwindigkeit von zweiunddreißig Stundenkilometern heran. Plastun meldete, daß die Maschine nach Wladiwostok um 11.45 Uhr starten werde, doch um 11.25 Uhr sahen wir von der Küstenstraße aus, daß sie sich schon auf der Startbahn befand. Als wir wenige Minuten später dort ankamen, hatte der Pilot sich zu einem frühen Abflug entschlossen, und rollte auf der Startbahn schon an. Dale sprang aus dem Wagen, rannte ins Haus, wo der Leiter des Flughafens ausrief: «Zu spät!» Dale lief unverzagt nach oben in den Kontrollraum und befahl dem Funker, dem Piloten zu melden, daß die fehlenden Fluggäste rechtzeitig angekommen seien. «Dann schick sie her!» brüllte der Pilot, und einen Augenblick raste unser Kombi die Startbahn herunter, als wollte er den silbernen Jet vernichten, der am anderen Ende Wolken von Pulverschnee aufwirbelte, als die Motoren aufheulten. Wir sprangen an Bord und waren auch schon in der Luft. Kein Mensch dachte daran, unsere Sicherheitsgurte zu prüfen oder unsere Tickets anzusehen.

Im Flughafengebäude von Wladiwostok kreischten sich zwei winzige Frauen mit tiefen, scheußlichen Stimmen an. Die in dicke Kleidung eingepackten und vollkommen betrunkenen Frauen kämpften miteinander und fielen so weich wie Puderquasten zu Boden. Eine goß der anderen ihre offene Bierflasche über den Kopf. Diese richtete sich auf und weinte. Draußen hatte unser Fahrer ein Buch über Peter den Großen auf dem Beifahrersitz. Der Draufgänger von Pilot, die betrunkenen, zwerghaften Frauen, der Fahrer, der sich für Zar Peter interessierte – solche Menschen boten einen guten Anschauungsunterricht von Rußland, einem Land von resoluter Narrheit – wie unseres.

◎◎

In Wladiwostok sprach ich mit Viktor Korkischko, dem Direktor des kleinen Reservats Kedrowja Pad in jener Region der ostmandschurischen Berge, die an die chinesische Provinz Jilin grenzen. Nur gut achtzehn Kilometer westlich von Wladiwostok auf der anderen Seite der zugefrorenen Bucht hat der Kedrowja Pad (wo inzwischen eine Forschungsstation des Tigerprojekts eingerichtet worden ist) gelegentlich Tiger aufzuweisen und zumindest einige wenige Amur-Leoparden, deren Verbreitungsgebiet sich früher von den Südtälern Primorski Krais nach Süden und Osten bis in die Mandschurei und nach Korea erstreckte. In China ist der fernöstliche Leopard so gut wie ausgestorben, aber Korkischko glaubt, daß es im Ussuri-Gebiet noch zehn bis fünfzehn Tiere geben könnte und dreißig bis vierzig weitere in Nordkorea; dieses Geschöpf ist dem Aussterben noch näher als der Amur-Tiger.

Im vergangenen Sommer hatte Korkischko zusammen mit den Tigerforschern Igor Nikolajew und Dimitri Pikunow jenseits der chinesischen Grenze in Heilongjiang nach Beweisen für das Vorkommen von Tigern gesucht. Dr. Pikunow war überzeugt, daß kein Tiger in dieser aller Ressourcen beraubten Landschaft überleben könne; falls es dort überhaupt Tiger gebe, dann seien es Grenzgänger «auf dem Rückweg nach Rußland». Der zurückhaltende Korkischko, der seine Meinung nicht so unnachgiebig vertrat wie Pikunow, hatte den guten Zustand der Wälder bemerkt, in dem das wichtigste Nutzholz die Koreanische Kiefer ist. Der Holzeinschlag dort sei zum Teil eingeschränkt, die Wiederaufforstung sei ermutigend, und es gebe keine Anzeichen von Waldbränden. Gleichwohl konnte das russische Team nur die Fährte eines männlichen Tigers entdecken und fühlte sich durch die geringe Dichte der Beutetierarten beunruhigt.

Während des Aufenthalts in Heilongjiang trafen die Russen mit einem Naturschutzbeamten der Provinz Jilin zusammen. Dieser behauptete, Jilin habe «etwa dreißig Leoparden sowie einige Tiger». Sie glaubten ihm nicht, und mir war auch klar, warum. Als ich 1992 auf dem Weg in die Mongolei von Charbin nach Peking flog, hatte ich an einem klaren, strahlenden Morgen viele Quadratkilometer der Landschaft von Jilin studiert und nichts weiter gesehen als einen ununterbrochenen Flickenteppich aus Städten mit Häusern aus Rotklinker und blaßgrüne, bebaute Felder. Die Ebene war so gut wie baumlos gewesen. Gleichwohl entdeckte eine von der UNO geförderte Untersuchung unter Führung Dale Miquelles 1997 Beweise für die Anwesenheit von vier bis sechs Tigern in einer bewaldeten Region von Jilin in der Nähe der russischen Grenze – und das der gleichen geringen Beutetierdichte zum Trotz. Das Projekt hat die zuständigen Behörden von Jilin dazu ermutigt, die Beutetierarten zu schützen und zu überwachen und alles zu fördern, was sich unter Umständen zu einer kleinen Zuchtpopulation der Art *altaica* entwickeln könnte.

Im März 1998 untersuchten Miquelle und seine Arbeitsgruppe bei einer zweiten Untersuchung in Jilin, die mit Hilfe von WCS stattfand, 250 Kilometer vorher ausgewählter Routen in Tiefland, an Bächen und zugefrorenen Flüssen, alte Holzfällerstraßen, Bergkämme und Wasserscheiden, die sämtlich als Wanderwege für wildlebende Tiere dienten. Es wurden Anzeichen von vier bis sechs Tigern und vier bis sieben Leoparden notiert, doch fand man keine Abdrücke von Jungtieren oder irgendwelche anderen Anzeichen von Reproduktion. Auf den Routen wurden mehr als fünfzig Drahtschlingen gefunden, und in fünf davon befanden sich tote Hirsche; obwohl einige dieser Schlingen den Eindruck machten, als hätte man sie längst aufgegeben, konnten sie immer noch Hirsche fangen. Das Team berechnete, daß diese verrostenden Schlingen allein in diesem Bezirk ungefähr 2000 Huftiere pro Jahr töten konnten.

Während Forscher des Tigerprojekts immer noch an diese vier bis sechs Tiger glauben, die in Heilongjiang Spuren hinterlassen haben, brachte eine im Winter 1999 in den Wandushan-Bergen durchgeführte Untersuchung keine einzige Tigerfährte zutage, und das trotz hervorragender Bedingungen für die Fährtensuche. Dale nennt die Wandushan-Berge «die Tigerhochburg im nordöstlichen China». Man erinnert sich mit bösen Ahnungen an jene zwölf Tiger im westlichen Java, die in einem einzigen Jahrzehnt aussterben, ohne daß der

Mensch dazu beigetragen hätte. Die Chinesen der Region melden weiterhin das Vorkommen von Tigern in Heilongjiang (darunter auch eine angeblich fruchtbare Tigerin), aber «mit dieser einen Ausnahme», sagt Miquelle, «ist der Amur-Tiger in China ‹in technischer Hinsicht› ausgestorben, da es keine Fortpflanzung gibt, und alle Anzeichen legen den Schluß nahe, daß die früher gezählten Tiere aus Rußland eingewandert sind. Der Nordosten Chinas hat ein Habitat mit großem Potential, doch dieses ist mit Fallen und Schlingen gefüllt, was Beutetiere vernichtet und die Wälder für Tiger unbewohnbar macht. Wenn es den Chinesen gelingt, die Wälder wirksam zu schützen, so daß sich die Beutetier-Populationen erholen können, werden Tiger aus Rußland einsickern und sich dort niederlassen, ebenso der noch stärker gefährdete Amur-Leopard.»

∽

Eines Abends in Wladiwostok aßen wir in der Wohnung von Dimitri Pikunow. Dieser blauäugige und liebenswürdige Mann mit dem mächtigen Brustkorb, der vor Lebensenergie und Selbstbewußtsein fast aus allen Nähten platzt, prahlte, daß alle Rohstoffe für unser Festessen – Hirschfleisch und Lachs, Kohl und Kartoffeln, Pilze und Beeren, Farne und Honig – von ihm, seiner attraktiven Frau und seinen Töchtern gejagt, gesammelt, gefischt, angebaut und zubereitet worden seien. «In Amerika wird viel von Umweltbewußtsein geredet, aber hier praktizieren wir, was wir predigen», versicherte Pikunow, als er uns Wodka einschenkte.

Unser Gastgeber zeigte uns Fotos des 1986 an der Straßenbahnhaltestelle in Wladiwostok getöteten Tigers. Sie zeigten zahlreiche Männer, die den aufgeregten Schützen umdrängten und ihm gratulierten. «Dima» Pikunow legte jedoch Wert auf die Feststellung, daß die Behörden zunächst ihn gebeten hätten, dieses Tier aufzuspüren und hinzurichten. «Ja, ich habe es für sie aufgespürt», vertraute er uns grimmig und mit gesenkter Stimme an, «aber töten wollte ich es nicht. Pikunow hat sich geweigert, einen Tiger zu töten.»

Unser Gastgeber erzählte uns, daß am 22. Januar – dem bitterkalten Tag, an dem wir die Geschichte von Sergej Denisow in Melnitschnoje erfuhren – ein Tiger eine Frau angegriffen und schwer verletzt habe. Diese habe ihren Mann auf dem Weg zu einer ländlichen Bahnstation außerhalb von Partisansk nördlich von Waldiwostok begleitet. Das Tier habe sie angesprungen, nachdem der Mann vorbeigegangen sei. Dieser sei sofort umgekehrt, habe den Tiger tapfer angegriffen und mit seiner Taschenlampe auf ihn eingeschlagen. Er rief seiner Frau zu, sie solle fliehen; als seine Frau weglief, packte der Tiger den Mann und tötete ihn. Wenige Stunden später wurde dieser Tiger (ein Männchen) aufgespürt und von Jägern und Milizangehörigen erlegt, nachdem er Eingeweide und Brustkorb des Mannes gefressen hatte. Die Witwe berichtete, der Tiger habe gehumpelt. Für ein auf die Jagd angewiesenes Tier sei diese behindernde Verletzung der Grund gewesen, einen Menschen anzugreifen.

Am Ende des Abends brachte Olga Pikunow Holzschemel in den Flur, wo wir nach alter Sitte einen Moment schweigend sitzen blieben, um des gemeinsamen Abends zu gedenken. Dann begleitete uns unser Gastgeber durch die nächtlichen Straßen, um mit uns nach einem Taxi zu suchen, das uns ins Hotel fahren konnte. In dem anarchischen neuen Rußland sind die Straßen von Wladiwostok nachts höchst unsicher. Ein paar Wochen zuvor war unser Freund Igor Nikolajew zusammengeschlagen und ohne jeden Grund getreten worden, als er an drei Nichtstuern vorbeikam. Selbst Dersu, der von einem Tiger angegriffen und schwer verletzt worden war, die Attacke aber überlebt hatte, hatte immer erwartet, Amba werde eines Tages erscheinen, um seinem Leben ein Ende zu machen. Statt dessen wurde er in Chabarowsk von Straßenräubern überfallen, die ihn ausraubten und ermordeten.

◎◎

Im Februar 1996 organisierte Dr. Pikunow eine Zählung aller Tiger des Verbreitungsgebiets. Eine Armee von rund 600 Fährtensuchern, die auf das gesamte Reservat von Sichota-Alin verteilt waren, hielten sämtliche Abdrücke im Schnee fest. Es war die umfassendste Tigerzählung, die je vorgenommen worden sei, wie Howard Quigley sagte. Nachdem die Daten unter der sorgfältigen Aufsicht Dale Miquelles monatelang analysiert worden waren, wurden die Ergebnisse im November jenes Jahres bekanntgegeben. Eine geschätzte Population von 350 erwachsenen Tigern – mit einer möglichen Abweichung von dreißig oder vierzig Tieren nach oben oder unten – wurde durch rund hundert Jungtiere und halberwachsene Tiger ergänzt. (Normalerweise werden Jungtiere nicht gezählt, da nur etwa die Hälfte von ihnen überlebt.) Die endgültige ungefähre Schätzung von 450 Tieren war mit der höchsten Tigerpopulation Mitte der 1980er Jahre vergleichbar, als man zum ersten Mal hoffte, *Panthera tigris altaica* retten zu können.

«In den frühen neunziger Jahren haben diese Tiere ganz schön einstecken müssen», sagte mir Howard fröhlich am Telefon, «aber wenn man Tigern eine kleine Atempause gönnt, schaffen sie es zu überleben.» Seiner Ansicht nach ist eine Population, die fünfzig Tigerinnen einschließt und regelmäßig das vorgeschlagene Netz halbgeschützter Regionen nutzt, zur Verhinderung von Inzucht nötig; eine Gesamtzahl von 500 Tigern könnte seiner Meinung nach für die Amur-Rasse eine sichere Zukunft bedeuten.

Leider war die gute Nachricht von der Tigerzählung nicht überall in der Region gut aufgenommen worden. Wie Jewgenij Smirnow bemerkte: «Die Tigerhasser (und es gibt viele) werden für ein paar tausend Dollar nur zu gern bereit sein, die ‹überschüssigen› Tiger zu töten oder verschiedenen ... Behörden schreiben, wie gefährlich es sei, in der Nähe von Tigern zu leben.» Smirnow erinnerte seine Mitbürger daran, daß es seit mehr als sechzig Jahren in den Reservaten von Sichota-Alin und Lasowski, wo Tiger am häufigsten waren, keinen einzigen Fall eines Tigerangriffs auf einen Menschen gegeben habe. Er versprach, daß jeder gefährliche Tiger getötet werden würde, um anderen Tieren die Vergeltung zu ersparen, und schloß: «Ich versuche nicht, jemanden zu beruhigen, sondern berichte nur über die letzte Tigerzählung. Ich wiederhole das alte Motto wahrhafter Männer der Taiga: ‹Das Ussuri-Gebiet ohne Tiger ist wie Essen ohne Salz – nur Diätnahrung.›»

Im Frühwinter 1997, etwa ein Jahr nach meinem Besuch, kam es im Einzugsgebiet des Maximowka-Flusses, etwa 160 Kilometer nördlich des Reservats, zu einem Zwischenfall. Smirnow zufolge «tötete und fraß ein Tiger den Jäger A. Kulikow. Smirnow war am Fundort gewesen. «Alles, was dort gefunden wurde, waren ein Gewehr, ein

Patronengürtel, Teile der Kleidung, der Schädel des Jägers und ein Bein in einem hohen Stiefel.» Ein Dorfbewohner berichtete, er habe einen stark humpelnden Tiger gesehen. Dieser schien eine stählerne Falle an einer Vorderpranke mit sich herumzutragen, und Geologen, die in nicht zu großer Ferne arbeiteten, hätten gesehen, wie Kulikows Hund von «einem großen, mageren Tiger mit einem anomal plumpen rechten Vorderbein gejagt wurde ... (wahrscheinlich) war der Tiger verletzt worden. Wann und von wem? Darauf gibt es keine Antwort. Leute, die Kulikow kannten, sagen, er habe versprochen, ihnen ein Tigerfell zu besorgen. Jetzt sagt sein Gefährte bedauernd: ‹Das hätte er nicht tun sollen.›»

Am 12. November tötete der behinderte Tiger an derselben Stelle einen zweiten Jäger, V. Sabrowski. «Es wurde ... gerade dunkel, als er unbewaffnet losging, um sein Gewehr zu holen, das in dem alten Baumstamm versteckt lag, der 35 Meter von dem Schuppen entfernt stand, in dem sein Gefährte ihn [erwartete]. Der Hund begann zu bellen, das Pferd wieherte, und sein Gefährte schoß blind ... in die Luft, da er sich der Tragödie bewußt war, obwohl er sie nicht sah.» Der Tiger fraß beide Leichen an. Trotz seines Zustands verließ er die Region, und die Fährtensucher gaben schließlich auf, wie Miquelle erzählte, «weil ihnen ‹geeignete Transportmittel› gefehlt hätten» (anders ausgedrückt: weil sich der Tiger so weit vom Dorf entfernt hatte). «Von diesem Tier war nie wieder etwas zu hören, und ich habe den Verdacht, daß es in jenem Winter starb, da es unfähig war, geeignete Beutetiere zu jagen.»

In der Folgezeit wagte kein anderer Jäger mehr, sich an die fragliche Stelle zu begeben, obwohl zwei Jäger und fünf Tiger im vergangenen Jahr dort friedlich gelebt hatten und «einander nicht in die Quere kamen», wie Smirnow berichtete. «Weder Jäger noch Tiger hatten Angst oder Zweifel. Die Tigerfährten konnte man jeden Tag sehen, und manchmal sah man sogar die Tiger selbst.» In einigen Hütten vermißte man zwar Hunde – manchmal bis zu neun in einer Saison –, aber man erwartete es nicht anders und geriet deswegen nicht in Panik. «Jäger in Maximowka lebten Seite an Seite mit Tigern, die Menschen nicht angriffen.»

Im letzten Vierteljahrhundert waren durch Tiger verursachte Todesfälle von Menschen in Rußland sehr selten gewesen. Nur in sechs Fällen hatten unprovozierte Angriffe zu Menschenfresserei geführt (seit 1980 nur in einem einzigen bekannten Fall. Da hatte ein und derselbe Tiger zwei oder mehr Menschen getötet; anders als die Art *tigris* wird der Amur-Tiger nur selten zu einem richtigen «Menschenfresser»). Provozierte Angriffe hingegen waren nicht ungewöhnlich. In den wenigen Wochen nach meiner Abreise waren zwei weitere Todesfälle die direkte Konsequenz mißlungener Versuche, einen Tiger zu wildern. Anders als die unprovozierten Todesfälle in der Nähe von Melnitschnoje und Partisansk ereigneten sich diese, als die Jäger sich an die Tiger heranpirschten und feuerten. Diese hatten dann die Angreifer attackiert und sie getötet. Ein Tiger biß den Wilderer nicht einmal, sondern schlug ihn einfach mit einem mächtigen Prankenschlag auf den Kopf zu Boden und lief dann weg; anscheinend war der Mann am Schock oder der Kälte gestorben.

So viele Todesfälle in einem kurzen Zeitraum waren in dieser kaum bewohnten Waldregion höchst ungewöhnlich. In einer Zeit drastisch verringerter Tiger-Populationen hat sich ein eigentümliches Muster zunehmender menschlicher Todesfälle auch in anderen Ländern mit Tigerbeständen gezeigt. Dort hat das Fehlen von genügend Beutetieren möglicherweise dazu geführt, daß noch nicht ganz ausgewachsene Tiere stärker in Regionen abgewandert sind, die menschlichen Siedlungen näher liegen. Vielleicht war das zeitliche Zusammentreffen dieser Todesfälle nichts weiter als Zufall, doch es besteht kaum ein Zweifel daran, daß die durch Holzeinschlag, Bergbau und die epidemische Wilderei verursachte Vernichtung von Tiger-Lebensräumen die hungrigen Tiere gezwungen hat, in einem immer weiteren Umkreis und energischer zu jagen, was die Möglichkeit von Konflikten mit Menschen erhöht. Man darf auch nicht vergessen, daß nicht nur Tiger gewildert werden, sondern auch deren Beutetiere. Die intensive Bejagung von Wild, das der Tiger für seine Ernährung braucht, kann in diesen Fällen durchaus ein entscheidender Faktor gewesen sein. Überdies war nicht zu erwarten, daß in diesen harten Zeiten des neuen Rußland die Jagd für den Eigenbedarf aufhören würde. Die Konkurrenz mit Tigern um diese Nahrung, von der zunehmenden Zahl von Todesfällen beim Menschen ganz zu schweigen, konnte nur zu Entrüstung und Verdammung des Tigers führen. Eine solche Entwicklung würde die Unterstützung für diese Tiere untergraben, die für ihr Überleben jedoch von entscheidender Bedeutung ist.

Ein noch immer kaum verstandenes Paradoxon ist nicht etwa die Frage, warum Tiger überhaupt Menschen angreifen, sondern warum sie es nicht öfter tun, dies um so mehr, als die Sinne und die Beweglichkeit des *Homo sapiens* – die beim Vergleich mit denen anderer Säugetiere ohnehin immer rudimentär waren – durch das moderne Leben weiter abgestumpft und geschwächt worden sind. Wie athletisch und wachsam ein Mensch auch sein mag, so stellt er für einen Tiger auf der Jagd unausweichlich eine große, langsame und leichte Beute dar. Insofern ist es eigenartig, daß die Opfer bei allen genannten Angriffen zwei verschiedenen Kategorien angehören: Entweder hat der Tiger auf einen direkten Angriff reagiert, der ihn vermutlich verletzt hat, oder ein zuvor verletzter Tiger war so geschwächt, daß er etwas anderes nicht mehr reißen konnte – oder etwas *Besseres*, wie es dem frustrierten Tiger vielleicht erschienen sein mag, wenn man danach urteilt, wie ungewöhnlich diese Attacken im Verhältnis zu den Möglichkeiten gewesen sind. Man könnte daraus schließen, daß Tiger Geruch und Geschmack von uns Menschen einfach nicht mögen, wie es auch beim Grizzlybären der Fall zu sein scheint.

Bei meiner Rückkehr in die USA im Februar 1996 fand ich einen Brief Dale Miquelles vor. Dieser berichtete, daß Katjas Wurf – ein einziges Junges – bestätigt worden sei. Ihre nächste Beute habe sie jedoch noch näher an der Straße gerissen – nur 48 Meter davon entfernt –, so nahe, daß man sie vom Straßenrand aus auf dem Kadaver habe beobachten können. Und diese Gewohnheit, sich in der Nähe der Straße aufzuhalten, kann durchaus ihr Tod gewesen sein. Obwohl man sie noch Anfang 1997 mit ihrem Jungen gesehen hatte, erstarb ihr Funksignal kurze Zeit später, und man mußte davon ausgehen, daß ein Wilderer sie erlegt hatte. Seitdem sind immer wieder markierte Tiger verschwunden, darunter «Marihuana» und Geny, der frühere Gefährte von Katja und Natascha. Gerade erst war auch Natascha selbst getötet worden, die frühere Nummer 3. Sie wurde im Juli 1999 getötet (ihr Funkhalsband wurde geborgen). Sowohl Katja als auch Natascha wurden von Jungen begleitet – insgesamt sechs –, die zu jung waren, um allein in der Wildnis zu überleben.

Am 12. Dezember 1998 folgte ein Jäger der Fährte eines Wildschweins einen verschneiten Hang oberhalb des Scheptun-Flusses hinauf – in der Region, in der ich zwei Jahre zuvor gesehen hatte, wie die Tigerin Nadja durch den in der Sonne glitzernden Schnee auf jene große Fichte zugerannt war. Als er sich dem Bergkamm näherte, entdeckte der Jäger die frischen Abdrücke einer Tigerin mit drei Jungtieren, die dasselbe Wildschwein zu verfolgen schienen. Als er diesen Fährten über den Bergkamm folgte, entdeckte er die Tiger auf ihrer Beute. In diesem Moment (so gab er es jedenfalls wieder) habe die Tigerin ihn angegriffen. Somit sei er genötigt gewesen, in Notwehr zu schießen und sie zu töten. (Da festgestellt wurde, daß sich der Schütze bei seinem ersten Schuß nur gut dreizehn Meter entfernt befunden hatte, muß man den Verdacht haben, daß die Tigerin nicht angegriffen hatte, sondern sich nur von ihrer Beute erhoben und zur Warnung geknurrt hatte.) Als das Funksignal der Tigerin zwei Tage später verstummte, begab sich John Goodrich mit Wolodja Welitschko und Boris Litwinow von der «Operation Amba» an die genannte Stelle; sie fanden das Wildschweinfell und den Tigerkadaver, von dem das meiste Fleisch entfernt und unter dem Schnee versteckt worden war. Dem neun Meter weiter ausgegrabenen Tigerfell fehlten die Schnurrhaare und die Schwanzspitze, die anscheinend als Souvenirs oder Trophäen mitgenommen worden waren. Bei seinem Weggang hatte der Mann das Funkhalsband achthundert Meter weiter den Hang hinuntergeworfen.

Einige Wochen später wurde der Wilderer nach einer Untersuchung durch das Amba-Team festgenommen und verhört. Obwohl er behauptete, in Notwehr gehandelt zu haben, schien es verdächtig, daß er es riskiert hatte, eine Tigerin mit Jungen zu verfolgen. Das konnte er nur in der Absicht getan haben, die Tiere zu schießen; er wurde vor Gericht gestellt und für schuldig befunden, jedoch nur zu einer kleinen Geldbuße verurteilt.

Die im Juni geborenen Jungen waren noch nicht alt genug, um allein zu überleben, andererseits aber schon zu alt, um sich gut an ein Leben in Gefangenschaft anzupassen. Abgesehen davon waren sie im Wald ohnehin wertvoller. Aus diesen Gründen – und weil Zoos heutzutage ungern den Eindruck erwecken wollen, sie entnähmen der Wildnis Exemplare gefährdeter Tierarten – schien es sinnlos zu sein, die verwaisten Jungen einzufangen. Anders als die hilflosen Jungen Lenas waren diese Jungtiere schon fast sechs Monate alt und damit weit über den Zeitpunkt hinaus, bis zu dem sich Jungtiere leicht an die Gefangenschaft gewöhnen. In einem Versuch, sie über den Winter zu bringen, wurden Sondergenehmigungen erteilt, Wild für sie zu schießen. Man plante, ihnen tote Tiere zu bringen, die man von Wilderern beschlagnahmt hatte. Als dies zum ersten Mal geschah, machte sich der vermutliche Vater der Jungen, Dale der Bärenfresser, mit einem Teil des Fleischs auf und davon. Die Jungen folgten ihm etwa zweieinhalb Kilometer, als versuchten sie, sich ihr Fleisch zurückzuholen. Immerhin nahmen alle drei während des ganzen Winters die für sie ausgelegte Nahrung an.

Der nächste Plan sah vor, sie für das Überwachungsprogramm zu fangen und mit Funkhalsbändern auszustatten; doch zu der Zeit, als das Vorhaben genehmigt wurde, war der Schnee schon geschmolzen, und die Jungen hatten ihren Standort verlassen. Obwohl sie mit weniger als einem Jahr noch längst nicht in dem Alter waren, sich allein auf den Weg zu machen, schienen sie sich gleichwohl doch selbst zu versorgen. Dachse und Marderhunde waren wohl ihre wahrscheinlichste Beute, wie Dale glaubt. Bei wärmerem Wetter waren vielleicht neugeborene Huftiere eine Ergänzung ihres Speisezettels; wenn die Jungtiger die Sommersaison der Bären überlebten, hätten sie eine Chance.

Die getötete Tigerin war natürlich Nadja gewesen, der erste wildlebende Tiger, den ich je gesehen hatte. Ich empfand tiefen Schmerz bei dem Gedanken, daß die drei Tiger, denen ich mich am nächsten gefühlt hatte – Lena, Nadja und Katja –, sämtlich gewildert und durch sinnlose Gewalt getötet worden waren.

Es gab jedoch auch gute Nachrichten. In diesem Sommer 1999 brachte die unbezähmbare Tigerin Nr. 1 ihren dritten Wurf seit der

Gefangennahme vor sieben Jahren zur Welt, und das der Tatsache zum Trotz, daß in dem Gebiet, das im Norden an ihr Revier grenzte, Holz geschlagen wurde; sie hat ihr Geburtsrevier auf der anderen Seite des Flusses von Ternej in der Nähe des Meeres nie verlassen. Soweit Howard Quigley weiß, ist Olga somit länger überwacht worden als jeder andere je beobachtete Tiger.

◎◎

Im Vorfrühling 1996 begab ich mich zu dem Zoo von Indianapolis, um einem jungen Amur-Tiger meine Aufwartung zu machen. Ich fand das Weibchen anmutig auf einem sonnigen Felsvorsprung ausgestreckt. Es war der höchste und verborgenste Platz des Außengeheges, das sie mit zwei weiteren Tieren der Art *Panthera tigris altaica* teilt, einem jungen Weibchen und einem erwachsenen Männchen. Sie sah mich durch die schrägstehenden Ellipsen ihrer bernsteinfarbenen Augen an – oder blickte vielmehr durch mich hindurch –, und zwar so gleichgültig und undeutbar wie alle Katzen. Anders als ihre Gefährten und die meisten Zoo-Tiger war diese junge Tigerin in der Wildnis geboren worden. Der Zufall wollte es, daß ich kurz zuvor aus dem südöstlichen Sibirien zurückgekommen war. Dort hatte ich den Erlenwald auf einem verschneiten Bergkamm über dem Kunalaika-Tal besucht, auf dem sie im November 1992 als verwaistes und noch nicht entwöhntes Tigerjunges gefangen worden war. Im Juni vor drei Jahren hatte ich gespannt auf Geräusche ihrer Mutter, Lena, gelauscht, die in den grünen Wäldern des Kunalaika-Tals am Ufer eines Flusses lag, und so fühlte ich mich diesem bezaubernden Geschöpf auf eigentümliche Weise durch Ort und Geschichte verbunden.

Ihren Wärtern zufolge, die froh waren, eine so genaue Beschreibung ihres Heimatreviers zu erhalten, wahrte die junge Tigerin Fremden gegenüber wachsame Zurückhaltung, was auf die traumatischen Umstände ihrer Gefangennahme zurückzuführen sei; die im Zoo geborene und geselligere Tigerin war als «Ersatz-Schwester» zu ihr ins Gehege gesetzt worden, um ihr bei der Gewöhnung an die Gefangenschaft zu helfen, damit sie möglichst rasch ihr Gleichgewicht wiederfand. Mit etwa 220 Pfund war die wilde Tigerin ein schönes und gesundes Tier, überdies außerordentlich wertvoll, nämlich wegen ihrer Gene, die eine unschätzbare Zufuhr frischen Bluts bei den Zuchtprogrammen für Tiger in Gefangenschaft im ganzen Land versprachen – ein Vorrat genetischen Materials, der dazu beitragen könnte, irgendeine Katastrophe in der gefährdeten wildlebenden Population auszugleichen.

Lenas Tochter wurden empfängnisverhütende Medikamente verabreicht, da man den Tag abwarten wollte, an dem ein passendes Männchen sich mit ihr paarte – das heißt ein Tiger, dessen Gene nicht jetzt schon bei den amerikanischen Zoopopulationen weit verbreitet waren und mit dem deshalb Inzucht am sichersten vermieden werden konnte. Natürlich würden die Jungen dieser Tigerin sich langfristig bei der Erhaltung der wildlebenden Population der Amur-Tiger als wertvoller erweisen, doch das ist eine andere Geschichte.

1997 verlor dieses junge Tier ihr erstgeborenes Junges, was bei Tigerinnen in Gefangenschaft ebenso häufig vorkommt wie bei wildlebenden Tieren. Im Oktober 1998 hatte sie einen zweiten Wurf. Als ich sie Mitte November besuchte, ging es ihren beiden Jungen gut. Jedoch hat sie sich nie von ihren schlimmen Erfahrungen in Sibirien erholt – der mit schrecklichem Lärm verbundenen Tötung ihrer Mutter, ihrer furchterregenden Gefangennahme oder beidem –, denn in Anwesenheit von Männern wurde sie aufgeregt und war nur ruhig, wenn ihre Wärterin Lynn Villers in der Nähe war. Diese kümmerte sich seit ihrer Ankunft vor drei Jahren um sie. Solange ihre Jungen noch klein und verwundbar waren, durfte kein Mann auch nur einen Blick in ihr Gehege werfen. Das Gehege befand sich hinter den Ausstellungsgehegen unter Dach. Ein Monitor bot eine gute Sicht auf die Familie.

Lenas fensterloses Gehege grenzte an den Käfig von Dschingis, dem Vater. Dschingis hatte ebenfalls keinen Zugang zu Mutter und Jungen, da auch er sie aufregen oder ihnen weh tun konnte. Ein Schlitz in der Wand ermöglichte es der Familie jedoch, sich durch die Gitterstäbe zu beschnuppern. Während ich den großen, kräftigen Tiger bewunderte, der in seinem Käfig unruhig auf und ab schritt, tauchten plötzlich beide Jungen an der Öffnung auf, knurrten und fauchten ihren Vater lautstark an. Es dauerte nicht lange, da tauchte auch das wachsame Gesicht ihrer Mutter mit den großen Augen hinter ihnen auf. Die Tigerin blickte erst den Menschen an, dann Dschingis, der ihr keine Beachtung schenkte. Sie sah immer noch jung aus, ein anmutiger Amur-Tiger – ganz «schöpferisches Feuer und Licht», wie Blake es so großartig ausgedrückt hat.

※

Ich habe nie dieses zustimmende Grummeln in Melnitschnoje vergessen, als ich fragte, ob die Leute erleichtert seien, wenn man die Tiger ausrottet. Allerdings meldete sich sogleich auch lautstarker Protest derer, die gegenteiliger Ansicht waren. So wie Sergei Sinowiew, der – als er nach Worten suchte, die seine Gefühlsaufwallung vermitteln konnten – damit herausplatzte, der Wald werde ohne Tiger «langweilig» sein. Damit hatte er wohl gemeint, er würde sein Geheimnis verlieren. Zunächst tat ich dies als zu bombastisch ab, doch die anderen stimmten ihm alle zu. Der Tiger sei «die Seele Indiens», wie es meine Freunde in Delhi ausdrückten, und er ist auch die Seele von Dersus Land.

Wollte man die heroischen Anstrengungen zugunsten von Tigern begründen, könnte man die entscheidende Bedeutung biologischer Vielfalt ebenso anführen wie die wechselseitige Abhängigkeit allen Lebens. Howard Quigley erinnert mich beispielsweise daran, wie viele Eigenschaften bei den Beutetieren der Tiger – die erstaunliche Wachsamkeit, die wachen Sinne, die Geschwindigkeit und Stärke von Hirsch und Wildschwein – sich vielleicht nie ohne die Spannungen entwickelt hätten, die dieses große Raubtier der Ökologie der Beutetiere aufgezwungen hat. Doch letztlich scheinen diese Abstraktionen weniger wichtig zu sein als unser instinktives Gefühl, daß die Aura eines so großartigen Geschöpfs auf unserer Erde, das dem Leben des Menschen eine Dimension von Mythos, Macht und Schönheit verleiht, nur um einen entsetzlich hohen Preis aus unserem Erleben der Schöpfung gestrichen werden könnte. «Das Leben wäre *weniger* ohne den Tiger», hat Howard einmal bemerkt, und ich stimme ihm zu.

Man kann nicht für die sprechen, die im Tigerland leben, aber die Gegenwart von Hu Lin, dem König, vermittelt mir ein Gefühl tiefen Glücks, schon das bloße Wissen, daß Seine Lordschaft sich da draußen im Wald aufhält. An jenem Winternachmittag im Kunalaika-Tal, als sich das Licht der tiefstehenden Sonne von den Umrissen schwarzer Bergkämme ergoß und durch die schwarzen Bäume zu erstarrten Klingen zertrümmert wurde, als ich die überdeutlichen Spuren der großen Katze auf dem mit Schnee überzogenen Eis sah, die Blutspur und die unübersehbaren Anzeichen dafür, daß hier ein Elch durchgekommen war, empfand ich ein Hochgefühl reiner Freude.

Anmerkungen

20 «An einem Baum in der Nähe»: Vladimir K. Arseniev, *Dersu the Trapper* (New York, Dutton, 1941).

26 «Der Tiger ist Gott»: Nicholas Courtney, *Tiger: Symbol of Freedom* (London, Quartet, 1980).

32 *The Ecology of the Amur Tiger*: Igor Nikolaev und A. G. Yudakov, *The Ecology of the Amur Tiger* (Moskau, 1987).

34 «Es gibt auch Berichte»: Arthur Sowerby in: *The Naturalist in Manchuria*, zitiert bei Vratislav Mazak, «Notes on the Siberian Long-Haired Tiger», *Mammalia* (1967), 1:537–73.

35 «Tiger besitzen nicht nur ein hervorragendes Gehör ... dem gesprenkelten Licht unter Laubbäumen»: Tiger, Löwe, Leopard und Gepard konnten sämtlich die gleichen Regionen Indiens nicht nur deshalb besiedeln, weil ihre ökologischen Nischen sich deutlich voneinander unterschieden, sondern weil ihre Erkennungszeichen oder deren Fehlen Barrieren gegen eine Hybridisierung waren, wenn sich ihre Wege kreuzten. (Es ist kein Zufall, daß bei den beiden Paaren ähnlich gemusterter oder ungemusterter Art – Löwe und Berglöwe, Leopard und Jaguar – die Angehörigen jedes Paars weit voneinander getrennt auf verschiedenen Kontinenten leben.) Siehe N. A. Neff, *The Big Cats* (New York: Harry N. Abrams, 1982), S. 22.

40 «Mit Unterstützung bestimmter Behörden»: darunter auch der Russischen Sozioökologischen Union und des Pacific Environmental Resource Council in den USA.

40 «Die hohen Beamten ...»: Alexej Grigoriew in einer Ansprache bei einer *Sapowednik*-Konferenz in Bolsche Chetskir, Juni 1992.

44 «Molekulare Stammesgeschichten ...»: Andrew Kitchener, «Biogeographical Chance and Subspeciation in the Tiger» in: *Riding the Tiger*, herausgegeben von John Seidensticker, Sarah Christie und Peter Jackson (London, Cambridge University Press, 1999).

45 «Es besteht Grund zu der Annahme ... auf der Suche nach Nahrung»: N. A. Baikov, *Big Game Hunting in Manchuria* (London, Hutchinson, 1936), S. 186. Siehe auch Neff, *The Big Cats*, S. 137.

45 «Theorie ... derzufolge *Panthera tigris* aus dem Süden Chinas stamme»: Sandra Herrington, «Subspecies and the Conservation of *Panthera tigris*», in: *Tigers of the World*, hrsg. von Ronald L. Tilson und Ulysses S. Seal (Park Ridge, N. J., Noyes Publications, 1987).

45 «... praktisch identisch sind ... nur durch seine geringere Größe»: Bei den vollständigen Skeletten ist der Beinknochen des Löwen nur unwesentlich länger.

45 «Es wird gemeinhin behauptet ... in weiten Bereichen Ostasiens»: Vratislav Mazak, «*Panthera tigris*», *Mammalian Species* 152 (8. Mai 1981), S. 1–8; Hemmer, «The Phylogeny of the Tiger» und Herrington, «Subspecies» in: *Tigers of the World*.

47 «Insel Sachalin sowie Japan und Borneo»: Gespräche John Seidenstickers mit dem Autor, 1995–1999.

47 «herausragende Ikone und Sujet der japanischen Kunst»: Siehe D.T. Suzuki, *Zen and Japanese Culture* (Princeton, N.J., Princeton University Press, 1993).

48 «größte der heutigen Tigerarten»: Ein männlicher Sibirischer Tiger auf einer Wildfarm in Kanada soll mehr als eintausend Pfund wiegen – ein Tiger von einer halben Tonne Gewicht! –, obwohl der im Zoo angesetzte Speck viel weniger wiegt als die Muskeln eines Tiers, das sich nur durch die Jagd ernähren kann; sollte dieses Geschöpf tatsächlich existieren, ist es mit Sicherheit die größte Katze, die es je irgendwo gegeben hat.

57 «Mindestens ein Experte»: Gespräche John Seidenstickers mit dem Autor, 1995–1999.

58 «Die Art geht jetzt ohne Zweifel dem Aussterben entgegen»: Francis Harper, *Extinct and Vanishing Mammals of the Old World* (New York, New York Zoological Park, 1945).

59 «an den entferntesten Vorposten des Verbreitungsgebiets im Osten wie im Westen»: «In den Verbreitungsgebieten jeder Tierart weisen Individuen an den äußersten Rändern der Lebensräume einzigartige Anpassungsmechanismen auf, und wenn man diese Tiere schützt, werden sie die genetische Vielfalt der Art im gesamten Verbreitungsgebiet erhöhen, und zwar stärker als die Unterarten im Zentrum des Verbreitungsgebiets. Der fernöstliche Leopard ist ein glänzendes Beispiel ... Er ist eng mit seinem nächsten Nachbarn verwandt, dem Nordchinesischen Leoparden, der in der Wildnis vielleicht schon ausgestorben ist.» John Seidensticker, zitiert von Dale Miquelle in: *Zoogoer*, September/Oktober 1998.

60 «Die kleine Spezies»: Bassett Digby, «The Ways of Northern Tigers», in: *Tigers, Gold and Witch-doctors* (New York, Harcourt Brace, 1928).

61 «vergiftete Köder»: Richard Perry, *The World of the Tiger*, zitiert in: *The Soul of the Tiger* von Jeffrey A. McNeely und Paul S. Wachtel (New York, Doubleday, 1988).

61 «In Baku»: Fitzroy Maclean, *To Caucasus, the End of the Earth* (London, Jonathan Cape, 1976), S. 192.

61 «ein amerikanischer Wissenschaftler»: Siehe Auszug aus Paul Joslin, «Status of the Caspian Tiger in Iran», in: *Cats of the World* von S. D. Miller und D.D. Everett (National Wildlife Federation, 1982).

62 «als von der Amur-Rasse unterscheidbar»: Die Bezeichnung *altaica* als dritter Name der Unterart des Amur-Tigers wurde 1844 von C. J. Temminck gewählt. Gemeint sind die

Altai- oder Pisihan-Berge Koreas und nicht das Altaigebirge der Mongolei; siehe Mazak, «*Panthera tigris*».

62 «Mandschurische› Tiger in den Bergen des nordöstlichen China»: Ma Yiqing, «The Manchurian Tiger in China» in: *Wildlife Conservation Management* (Harbin, China, 1979).

63 «Obwohl Dr. Kim ... keinen Glauben schenkt»: Chris Dobson, *South China Morning Post*, 17. Mai 1995.

63 «soll ein vor kurzem erstellter Bericht»: «A Survey of Tigers and Prey Resources in the Paektusan Area, Lyangan Province, North Korea, Winter 1998», durchgeführt vom Geographischen Institut der Akademie der Wissenschaften der Demokratischen Volksrepublik Korea, gesponsert von der WCS (der Wildlife Conservation Society in New York).

64 «Er soll kleiner sein»: Neff, *The Big Cats*.

65 «der Tiger in China jetzt äußerst selten ist»: Lu Houji und Sheng Helin, Red Data Book, Convention on International Trade in Endangered Species, 1972.

65 «das Verbreitungsgebiet des Tigers im wesentlichen ... beschränkt»: Anmerkungen zu einer Karte der National Geographic Society, beruhend auf Daten von Wang Sung, dem Direktor des Projekts «Die Säugetiere Chinas» an der Academia Sinica.

66 «als jüngste Unterart»: Vratislav Mazak, «New Tiger Subspecies from Southeast Asia» in: *Mammalia* 32 (1968), S. 1.

66 «Der Indochinesische Tiger soll»: Neff, *The Big Cats*.

67 «Ein Autor vermutet»: ebenda.

67 «Alle Großkatzen ... nehmen gelegentlich Zuflucht zu Aas»: «Der Sibirische Tiger hat die scheußliche Fähigkeit entwickelt, Gräber freizulegen, und in vielen Dörfern zwischen Wladiwostok und Korea wird ein alter Mann zum Friedhofswächter ernannt, wo er von der Abend- bis zur Morgendämmerung in einer stabil gebauten kleinen Blockhütte sitzt und mit einer Waffe Wache hält.» Aus Digby, *Tigers, Gold und Witch-doctors*.

68 «Rabinowitz zufolge»: Siehe Alan Rabinowitz, «Estimating the Indochinese Tiger Population in Thailand» in: *Biological Conservation* 65 (1993), S. 213–217.

68f. «Wie der Zoologe George Schaller von WCS gesagt hat ... Dr. Rabinowitz gibt ihm recht»: ebenda.

69 «die grenzüberschreitenden Tigerpopulationen»: J. L. D. Smith und andere, «Metapopulation Structure of Tigers in Thailand» in: *Riding the Tiger*, S. 174.

70 «eine umfassende Untersuchung»: durchgeführt von einer amerikanischen Gruppe namens Cat Action Treasury (CAT).

70 «Trotz dreißig Jahren Dschungelkrieg»: Michael Sheridan und Tom Fawthrop, «Tigers Roar Back in the Jungles of Cambodia» in: *The London Sunday Times* vom 25. April 1999.

71 «Der Tiger stirbt»: Neil Franklin und andere, «Last of the Indonesian Tigers: A Cause for Optimism» in: *Riding the Tiger*, S. 144.

Tiger ... möge in Frieden ruhen»: McNeely und Wachtel, *Soul of the Tiger.*

71f. «Weiter südlich auf der Halbinsel ... zwischen den Inseln bildeten»: Gespräch John Seidenstickers mit dem Autor.

73 «Da sie fürchten, (daß) der Tiger ein Geist sei»: Mochtar Lubis, *Hariman! Hariman!* (Jakarta, Eureka, 1991).

74 «wurden rund fünfunddreißig indonesische Forst- und Naturschutzbeauftragte»: R. L. Tilson et al., *Sumatran Tiger: Population and Habitat Viability Analysis Report* (Apple Valley, Minnesota: Indonesian Forest Protection and Nature Conservation and JUCNISSC Captive Breeding Specialist Group, 1992).

75 «ein danach veröffentlichter Bericht»: Sumatran Tiger Report, 1992. Siehe auch World Wildlife Fund – U.S. and Wildlife Conservation Society, «A Framework for Identifying High Priority Areas and Actions for the Conservation of Tigers in the Wild» von Neil Franklin, 1997.

75 «die Tiger in Way Kambas»: *Wildlife Society Bulletin*, 1997.

77 «Auf Java sagt man ... durch die Nasenlöcher pfeifen höre»: Stephen Harrigan, «The Tiger Is God», ursprünglich veröffentlicht als «The Nature of the Beast» in *Texas Monthly*, Juli 1988.

78 «Noch 1968 ... eine beeinträchtigte Insel»: John Seidensticker, «Bearing Witness: Observations on the Extinction of *P.t. balica* and *P.t. sondaica*» in: *Tigers of the World*, hrsg. von Tilson und Seal, S. 1–8, 34.

79 «Meru-Betiri und der Java-Tiger»: Julius Tahija, zitiert in McNeely und Wachtel, *Soul of the Tiger*, S. 197.

82 «Da diese Wanderer einheimisches Vieh reißen»: Valmik Thapar, *Land of the Tiger* (Berkeley, University of California Press, 1998).

83 «rund 400 Tiger»: Neff, *The Big Cats.*

84 «*Bagh! Bagh!*»: Gespräch mit Fateh Singh in Ranthambhore 1992.

88 «die sich nicht zeigen»: Gespräch in Delhi im Februar 1996.

89 «weil es in Kanha mehr Tiger gab»: George B. Schaller, *The Deer and the Tiger* (Chicago, University of Chicago Press, 1967).

92 «Zum Untergang verurteilt sein könnten»: «Die Zukunft des Tigers in den Sundarbans liegt wie im Fernen Osten Rußlands darin, daß man Regionen ausweist, schützt und miteinander verbindet, die fünfzig oder mehr reproduktionsfähige Tigerinnen ernähren können», sagt John Seidensticker. Eine Erkenntnis des Sibirischen Tigerprojekts, hält er fest, bestehe darin, daß demonstriert worden ist, wie Funktelemetrie in Verbindung mit Überwachungen zu Fuß und dem Einsatz neuer Kartographietechniken klarer erkennen lassen können, was Tiger wirklich brauchen, damit man entsprechende langfristige Nutzungspläne erstellen könne. Ähnlich nutze ein neuer Plan für Bhutan solche Daten, um mehrere Regionen zu einem Habitat-Netz zu verbinden, das fünfzig Tigerinnen ernähren könnte. Statt die Diskussion darüber fortzusetzen, wie viele Tiger es in den Sundarbans gebe, schlägt er vor, «soll-

ten wir diese entscheidenden Regionen benennen und ausweisen».

92 «Seitdem hat diese erweiterte Studie»: Die Studie wurde von Dres. Hemanta Mishra (der dem König nahestand und deshalb für den Erfolg des ganzen Projekts von entscheidender Bedeutung war) und Mel Sunquist und dann von Dr. James L. D. Smith geleitet. Ihr Assistent war Charles McDougal, der sich als Forschungsstipendiat der Smithsonian Institution noch immer in Chitwan aufhält.

93f. «Ich glaube, daß die Tiger ... wie Löwen es tun»: Thapar, *Land of the Tiger*.

94 «Seidenstickers Arbeit hat gezeigt»: Alan Rabinowitz, unveröffentlichte Notizen sowie ein Gespräch mit dem Autor am 10. August 1999.

96 «In einem veröffentlichten Bericht hieß es»: Ramachandra Gupta, «The Authoritarian Biologist and the Arrogance of Anti-Humanism: Wildlife Conservation in the Third World» in: *The Ecologist*, Januar/Februar 1997. «Das hat sein Freund ihm gesagt», sagt Ullas Karanth, der Gupta kennt, «aber das ist nicht gesagt worden. Ich weiß es, weil ich da war und er nicht.»

96 «Karanth selbst hat sein Bedauern darüber geäußert»: Ullas Karanth, «Long-Term Monitoring of Tigers: Lessons from Nagarahole» in: *Riding the Tiger*, S. 116.

96 «In jüngster Zeit sind in *The Guardian* und in anderen Blättern Berichte ... erschienen»: Adrian Levy et al., «Save the Rhino but Kill the People» in: *The Guardian Weekly* vom 30. März 1997. Ebenfalls in einem unveröffentlichten Brief an Georgina Henry, stellvertretende Chefredakteurin bei Guardian Newspapers von John G. Robinson, Vizepräsident für Internationale Naturschutzmaßnahmen bei der WCS sowie von Joshua Ginsberg, dem Leiter des Asienprogramms der WCS im Juni 1997.

97f. «Immerhin ... ein Gleichgewicht finden»: Dale Miquelle in Briefen an den Autor und bei Gesprächen mit ihm im Juli 1999.

101 «In einer *Time*-Reportage»: «Tigers on the Brink» in: *Time* 143 vom 28. März 1994.

101 «Kumar und Wright sind sich darin einig»: Ashok Kumar und Belinda Wright, «Combatting Tiger Poaching and Illegal Wildlife Trade in India» in: *Riding the Tiger*, S. 243.

101 «jeder einzelne von ihnen war wieder auf freien Fuß gesetzt worden»: 1999 kam es schließlich erstmalig zu einer Verurteilung und einer Gefängnisstrafe.

102 «Einer vor kurzem von Wissenschaftlern des National Cancer Institute durchgeführten Analyse zufolge»: Joelle Wentzel et al., «Subspecies of Tigers; Molecular Assessment Using ‹Voucher Specimens› of Geographically Traceable Individuals» in: *Riding the Tiger*, S. 42.

102f. «Kitcheners morphologische Prüfung»: Andrew Kitchener et al., «Tiger Distribution: Phenotypic Variation and Conservation Issues» in: *Riding the Tiger*, S. 19.

103 «In einem vor kurzem vorgelegten Aufsatz»: John Seidensticker, «Bearing Witness: Observations on the Extinction of *Panthera tigris balica* and

Panthera tigris sondaica. In: *Tigers of the World*, S. 1–8.

104 «als ich im Septemberheft 1998... las»: Joel Cracraft et al., «Sorting Out Tigers: *Panthera tigris*, Mitochondrial Sequences, Nuclear Inserts, Systematics, and Conservation Genetics» in: *Animal Conservation* 1 (1998). S. 139–150.

106 «Zu meinem Erstaunen stimmt auch John Seidensticker zu»: Gespräche mit dem Autor in Washington, D.C., Juni bis August 1999.

106 «der... nach einer Heimat gesucht hat»: Im Juli 1999 heiratete Dale Miquelle bei einem Besuch in den USA seine russische Verlobte, bevor er nach Sibirien zurückkehrte.

113 «Gallenblasen von Bären»: Der frühere Präsident des südkoreanischen Konzerns Hyundai, Herr Jung Ju Young, ein älterer Mann, hat seine vorzügliche Gesundheit einem Geschäftszweig des Unternehmens zugeschrieben – vermutlich dem schon erwähnten Holzeinschlag am Bikin-Fluß. Man versorge ihn laufend mit Gallenflüssigkeit von Bären. Wilderer erhalten pro Gallenblase 2000 Dollar oder mehr. Herr Jung erklärte fröhlich, er konsumiere «immerzu» Bärengalle.

113 «Doch zwischen 1975 und 1992 importierte allein Südkorea»: Der internationalen Überwachungsorganisation von WWF zufolge (TRAFFIC genannt), von der die meisten dieser Zahlen recherchiert worden sind; Briefe von Ginette Hemley, WWF-USA und Kristin Nowell, einer Beraterin von WWF und TRAFFIC.

113 «Vor 1992... Exporteur getrockneter Tigerknochen»: *Cat News*, September 1993.

113 «In den nächsten wenigen Jahren... von 1990 bis 1994»: Michael Specter, *The New York Times* vom 5. September 1995.

115 «der einen landesweit geltenden Erlaß verfügte»: Mit dem Titel «Programm zur Rettung des Amur-Tigers und anderer gefährdeter Pflanzen- und Tierarten im russischen Fernen Osten».

115 «für einen illegalen Hersteller von Tigerwein»: Michael Day, *Fight for the Tiger* (London, Headline Books, 1995).

115 f. «Dieser *Park* lebt davon... und dabei Hähnchen essen»: Dale Miquelle in einer Notiz an den Autor vom Juli 1999.

118 «Die Tiger-Dichte im gesamten Verbreitungsgebiet»: M. E. Sunquist, «The Social Organization of Tigers in Royal Chitwan National Park, Nepal» in: *Smithsonian Contributions to Zoology* (Washington, D.C., Smithsonian Institution Press, 1981), S. 1–98.

130 «Spendengelder für Maßnahmen zur Bekämpfung der Wilderer zusammenkamen»: Sechs der bewaffneten Wildhüter des Reservats wurden vom Bund Umwelt- und Naturschutz Deutschland (BUND) bezahlt; weitere Unterstützung kam von der russischen Meschcombank. Die Streifen wurden auch von der National Geographic Society, von WCS, der National Fish und Wildlife Foundation sowie der im Umweltschutz engagierten Exxon Corporation unterstützt. Exxon bemühte sich über alle Maßen, sein Image «grüner» zu machen, und

meinte, sich den Löwenanteil oder «Tiger-Anteil» der Rettungsmaßnahmen zuschreiben zu können: «Exxon fühlt sich dem Tigerschutz verpflichtet», wie es in einer Pressemitteilung des Unternehmens von 1995 hieß. «Unsere Unternehmen haben mehr als fünf Millionen Dollar zur Unterstützung wichtiger Projekte zur Verfügung gestellt. Wir dürfen nicht zulassen, daß diese schönen Tiere verschwinden.» Exxon konnte sich mühelos von dieser Summe trennen, da das Unternehmen 1999 noch keinen einzigen Cent der 5,3 Milliarden Dollar ausgezahlt hatte, die vor fast zehn Jahren als Geldstrafe für die durch den Tanker Exxon Valdez in Alaska ausgelöste Ölkatastrophe festgesetzt worden waren. Allein für diesen Betrag kassiert Exxon jedes Jahr 800 Millionen Dollar an Zinsen. Exxon schuldet das Geld den Opfern der Katastrophe, weigert sich aber hartnäckig zu zahlen. («Angesichts der in diesem Fall gemachten Erfahrungen», wie der vorsitzende Richter vor einigen Jahren bemerkte, «hat dieses Gericht die Befürchtung, die Prozeßvertreter Exxons könnten aufgefordert sein, alle nur denkbaren prozessualen Hindernisse zu entwickeln, um die Zahlungen hinauszuzögern.» (Siehe *Amicus Journal* vom Sommer 1999.)

157 «dieses Geschöpf ist dem Aussterben noch näher»: Der Amur- oder Fernöstliche Leopard, *Panthera pardus orientalis*, ist jetzt auf die gemeinsamen Grenzgebiete zwischen dem Fernen Osten Rußlands, China und Nordkorea in den ostmandschurischen Bergen beschränkt, die das Einzugsgebiet des Tunen-Flusses umgeben – «die zu den ungünstigsten Lebensregionen in seinem früheren Verbreitungsgebiet gehören, in dem tiefer Schnee und lange Winter schlechte Lebensbedingungen für ein Tier schaffen, das man normalerweise mit afrikanischen Wäldern und den Tropengebieten Asiens in Verbindung bringt» (Dale Miquelle in *Zoogoer*, September/Oktober 1998). Wie die nordchinesische Rasse des Asiatischen Leopards ist die Art *orientalis* in China und Korea möglicherweise schon ausgestorben (obwohl Gerüchte umgehen, in der entmilitarisierten Zone gebe es noch einige Exemplare); im südwestlichen Primorski Krai leben vielleicht noch vierzig Tiere. Anders als der Amur-Tiger ist *Panthera pardus orientalis* auch in Gefangenschaft außerordentlich selten.

158 «brachte eine im Winter 1999 ... durchgeführte Untersuchung»: Notizen Dale Miquelles sowie Gespräche mit dem Autor im Juli 1999.

160 «wurde dieser Tiger ... aufgespürt»: Danach war eins von Olgas Jungen, ein halberwachsener männlicher Tiger, getötet worden, nachdem er versucht hatte, sich bei einer Blockhütte an einen Waldhüter heranzupirschen – ohne Erfolg, da er wegen einer inneren Verletzung, die ihn hatte hungern lassen, schwach und stark abgemagert war.

144 «eine Zählung aller Tiger des Verbreitungsgebiets»: Mit gewissen Einschränkungen kann man Geschlecht und Alter eines Tigers anhand seiner Abdrücke bestimmen, aber infolge der großen Bandbreite dieser Spuren und der verschiedenen Bedingungen in der Natur werden sie von Ullas Karanth nicht mehr als zuverlässiger Maßstab gewertet. Er sagt, wenn man Fährtensucher in Indien, die anhand der Fußspuren Tiger zählten, «auf Herz und Nieren prüfe», zeige sich, daß sie

nicht in der Lage seien, Tiger zuverlässig auf der Grundlage ihrer Fährten zu erkennen. Mit dem Einsatz von «Kamerafallen» – wenn ein Tiger eine Lichtschranke überquert, wird eine automatische Kamera ausgelöst – gelang es Karanth, das einzigartige Streifenmuster jedes Tigers festzuhalten. So entdeckte er, daß in seinem Forschungsgebiet von Nagarahole fünfundsechzig statt der zuvor geschätzten vierzig Tiger lebten. (Er glaubt aber weiterhin, daß die aus den Sundarbans gemeldeten Fährtenzählungen allgemein zu hoch seien.) Zusätzlich nimmt Karanth ungefähre Beutetierzählungen vor, um so besser abschätzen zu können, wie viele Tiger ein bestimmtes Gebiet ernähren kann.

161 «Die Tigerhasser ... nur Diätnahrung»: Jewgenij Smirnow in der Lokalzeitung von Ternej vom 15. Januar 1997.

162 «Am 12. November»: Dale Miquelle in einem Brief an den Autor vom 12. August 1999.

164 «Man könnte daraus schließen»: C. McDougal, The Man-eating Tiger in Geographical and Historical Perspective» in: *Tigers of the World*, hrsg. von Tilson und Seal, S. 435–448.

Die Deutsche Bibliothek – CIP-Einheitsaufnahme
Ein Titeldatensatz für diese Publikation ist bei der
Deutschen Bibliothek erhältlich

Erschienen bei The Harvill Press, London
Originaltitel: Tigers in the Snow
Text © 1999 Peter Matthiessen
Einführung und Fotos © 1999 Maurice Hornocker

© 2000 für die deutschsprachige Ausgabe
Frederking & Thaler Verlag, München,
in der Verlagsgruppe Bertelsmann GmbH
www.frederking-und-thaler.de

Alle Rechte vorbehalten

Lektorat: Karl-Heinz Bittel, München
Übersetzung aus dem Amerikanischen: Hans Joachim Maas, Stolpe
Gestaltung, Herstellung und Satz: Büro Caroline Sieveking, München
Umschlaggestaltung: Monika Neuser, 2005 Werbung, München
Druck und Bindung: GGP Media, Pößneck

Printed in Germany

ISBN 3-89405-428-X

Der ganze oder teilweise Abdruck und die elektronische oder
mechanische Vervielfältigung, gleich welcher Art, sind nicht erlaubt.
Alle Rechte für die Fotos liegen bei Maurice Hornocker und müssen dort
direkt eingeholt werden. Abdruckgenehmigungen in Verbindung mit der
deutschsprachigen Buchausgabe erteilt der Frederking &Thaler Verlag.